校長教學領導：
理論與應用

Leading with Inquiry & Action:
How Principals Improve Teaching and Learning

Matthew Militello, Sharon F. Rallis, & Ellen B. Goldring｜著

林新發｜校閱

謝傳崇｜譯

Leading
With Inquiry
& Action

How Principals Improve
Teaching and Learning

Matthew Militello | Sharon F. Rallis | Ellen B. Goldring

目次
CONTENTS

PART I 從挑戰到可能

1 | 偉大校長的迷思 / 3

2 | 合作探究行動循環 / 27

PART II 合作探究行動循環

3 | 我們在教什麼？課程調整的實例 / 55

7 | 你可以做到！實踐合作探究行動循環 / 145

作者簡介

 **Matthew Militello** 是北卡羅萊納州立大學（North Carolina State University）教育政策與領導學系的助理教授。在此之前，他也曾經在麻州大學安默斯特分校（University of Massachusetts, Amherst）擔任同樣職位，從事教育管理方案協調員的工作。此外，他也擔任過密西根州國中及高中的教師、副校長及校長。他的研究關注校長如何發展學校法規、學校資料分析及合作領導方面的知識和技能。他帶領過許多研究團隊，研究包含校長的專業標準及相對應的關鍵行為，學區形成性評量系統的有效性、執行及運用的全州研究，模範高中領導實踐的全國性研究，和校長專業發展需求的研究。Militello 的著作逾二十五篇，文章收錄在下列期刊：《教育與城市社會》（*Education and Urban Society*）、《哈佛教育評論》（*Harvard Educational Review*）、《教育領導研究期刊》（*Journal of Research on Leadership Education*）、《學校領導期刊》（*Journal of School Leadership*）、《校長領導》（*Principal Leadership*）及《質性研究》（*Qualitative Inquiry*）。他在密西根大學（University of Michigan）獲得大學學位和教學證書，並在密西根州立大學（Michigan State University）得到教育碩士及博士學位。

Sharon F. Rallis 是曾獲麻州大學安默斯特分校教育政策和改革的德懷特艾倫獎（Dwight W. Allen）的傑出教授，同時也是教育政策中心的主任。曾經擔任美國評鑑學會（American Evaluation Association）主席，Rallis 持續參與教育和評鑑長達三十餘年。她曾經是老師、輔導員、校長、研究者、方案評鑑者、一所提倡改革的大型聯邦學校的主任，並獲選為學校董事會成員。她也曾經擔任康乃狄克大學（University of Connecticut）的教育學教授、哈佛大學教育學講師、范德堡大學畢保德學院（Peabody College, Vanderbilt University）的教育領導學副教授。目前，她的教學領域包含課程探究、方案評鑑、質性研究及組織理論。她的研究關注在由聯邦、州或地區政策所策劃的方案於地方上的實施情形，目前正在研究領導者的另類培訓及專業發展計畫。Rallis 教授在哈佛大學教育研究所獲得博士學位。她在 Corwin 出版社所出版的合著包括：《動態學校校長——掌握變革》（*Principals of Dynamic Schools: Taking Charge of Change*）、《動態教師——變革領導者》（*Dynamic Teachers: Leaders of Change*）、《領導動態學校——如何創造與執行倫理政策》（*Leading Dynamic Schools: How to Create and Implement Ethical Policies*）。

Ellen B. Goldring 是范德堡大學畢保德學院的教育政策與領導學教授，曾獲頒該校亞歷山大赫德（Alexander Heard）傑出教授獎。她的專業與研究領域聚焦在教育領導、選擇學校的自由與公平來改善學校。她是上屆《教育評鑑和政策分析》（*Educational Evaluation and Policy Analysis*）的編輯之一。她服務於多個編輯委員會、技術小組和政策論壇，是 *Leading With Data*（Corwin 出版）等

四本書的合著者，並著有數以百計的書籍和文章。Goldring 目前致力於一個由華萊士基金會（Wallace Foundation）資助的方案，本方案目的在開發和實地測試教育領導的評鑑制度，並建立領導者的心理特質。此外，她還進行實驗以研究學校領導者的專業發展和績效回饋的關係。Goldring 在芝加哥大學（University of Chicago）獲得博士學位，是位於范德堡國家學校選擇與學習科學研究中心（National Center on School Choice and the Learning Sciences Institute）的研究員。

校閱者簡介

林新發

現　　　職 ■ 國立台北教育大學教授

學　　　歷 ■ 國立台灣師範大學教育研究所博士

經　　　歷 ■ 國立台北教育大學校長

國立台北教育大學教育學院院長

國立台北師範學院代理校長

國立台北師範學院教務長、學務長、圖書館館長

教育部科長

榮譽與獎勵 ■ 獲行政院國科會甲種研究獎勵、研究計畫主持費獎助等共十

五次以上

發表學術期刊、論文、專書、專案研究報告等計二百餘篇（冊）

教育部青年研究發明獎研究著作甲等

考試院教育行政人員高考及格

台灣區教師及教育行政人員專題研究論文競賽特優獎

奉總統核定為行政院所屬中央機關保舉最優人員

國立嘉義師範學院與虎尾中學傑出校友

譯者簡介

謝傳崇

現 職	■	國立新竹教育大學教育學系副教授兼主任秘書
學 歷	■	國立台北教育大學教育政策與管理研究所博士
		英國 Nottingham 大學教育學院博士班進修
經 歷	■	苗栗縣公館國中校長
		苗栗縣西湖國中校長
		苗栗縣中興國小校長
		苗栗縣汶水國小校長
		苗栗縣校長主任儲訓班主任
		國立新竹教育大學領導與評鑑中心主任
		國立政治大學教育學院校長培育班兼任助理教授
		國立台北教育大學教育經營與管理研究所兼任助理教授
榮譽與獎勵	■	教育部最高榮譽——教學卓越獎「金質獎」
		全國學校經營創新特優獎
		全國創意教學特優獎
		教育部標竿一百學校獎
		教育部全國特色學校獎
		國立新竹教育大學及國立台中教育大學傑出校友
著 作	■	校長正向領導：理念、研究與實踐
重 要 譯 作	■	變革時代卓越的校長領導：國際觀點
		職場正向心理學：正向領導與肯定式探詢的應用
		教育變革領導
		正向領導

前言

　　對於校長的領導實踐作法，本書提供了具深度和實用的論點。就此意義而言，本書至少挑戰了美國文化脈絡中，學校領導最根深蒂固的兩個文化規準。第一個規準是領導能力源自於個別領導者的特質及其天賦，而非源自於經過學習的行為或實踐作法。第二個規準是所有的領導關係都有來龍去脈，而且是偶然發生的──也就是在某個情境脈絡中能成功的領導者，通常在另一個情境中不太可能輕易成功，因為他們獨特的領導「型態」未必能適合新的環境。這些規準在許多美國學校的領導文化裡不但根深蒂固，而且對於建立一個學校的專業文化極具破壞力。如果所有關於成功的領導都以個體的特質及情境的不一致性來解釋，那麼便沒有任何事情是可以傳授或是可以訓練的，因此也就沒有所謂該領域的專業可言。對照這種看法，本書的作者對於領導的實踐提出爭辯，究竟是只有一種實踐方式，或可能有多種實踐方式，而他們自己的就是其中一種，這些實踐方式還可以被教導或被學習。事實上，這種領導實踐的作法本身就隱含以一種有紀律且有目的的方式，教導別人精通實踐的複雜性。這些作者帶著我們經歷一系列已廣泛運用的領導作法，這些作法在探討如何將領導實踐的主要因素與改善教學實踐相互結合。

　　教育歷史學家已經觀察到，從十九世紀末以降，每一代的美國教育領袖都承諾，從這一代起要將領導的實踐轉變成教育改進的實踐。然而到目前為止，每個繼起的世代都在這項基本任務中失敗了。一代又一代，透過官僚體系對「經營」學校的要求，以及「現實世界」對學校官僚體制的要求，教育實踐的領導不斷地被一再置換。這種現象造成一種扭曲的觀察：「教育領導之於領導，就如同軍事音樂之於音樂」。怎麼可能如此簡單又

明顯的願望可以一代復一代地被摧毀？我想這個答案在於一個基本的觀察，即「教育是一個沒有實踐規準的專業」，或者更準確地說，「是一個渴望成為專業的職業，然而卻尚未發現它的專業實踐規準」。作為一個專業領域，我們並未制定一套實踐規準，讓進入此領域的每個人都必須熟練之後才能執業，我們也未堅持在這領域的執業人員，必須持續學習他們的實踐規準，並不斷提升專業能力及知識。因此，本書的用意之一，即在對教學以及領導之實踐做定義，使之作為個人的特質屬性，而非視為在這個領域工作必須學習和發展的行為預測模式。

本書是眾多領導新書中的一本，它的出發點來自以下幾點假設：(1)許多的實踐作法是可以被學習的；(2)許多的實踐作法可以和學校的核心工作結合；(3)任何一個自稱是這個領域「領導者」的人，都應該被期待具備這些實踐能力。本書對於這個工作的複雜性毫不妥協。第一章詳實描述一名校長的工作環境。我們不採取傳統的說法，認為這個工作需要具備非凡才華的卓越人士才能勝任，正如同在教育領導書籍中經常出現的，他們認為這個工作是不可能的任務，於是在後面的篇章中，不斷地說明複雜的問題需要清楚且果敢的實踐。在這個意義上，相對於傳統文獻提到眾多關於成功領導者的個人特質，這是個令人耳目一新的可能性選擇。以個人特質為基礎的領導理論有個問題，亦即沒有人能擁有所有這些個人特質，而且許多沒有這些特質的人也不知道該如何獲取它們。本書主張教育領導與學習有關，包含授權與支持教師及學生在教室裡的學習，以及透過與他人共同探索的方式，讓個人學習成為一位領導者。學校的世界很複雜，而教育領導者的工作困難、不確定，又孤獨。但是說明這個工作開始的情況，只是在界定問題。這個問題還需要一種打破傳統限制的實踐策略，以增進教育人員及孩子在學校的學習。

在教室裡及學校工作的我們都明白，學校強而有力束縛了學習的文化，至少到目前為止，我們盡了最大的努力都無法將它移除。本書的作者

提出一套想法及實踐作法，用來打破這種文化的束縛，同時將它轉化為個人及組織學習的文化。但是除非在學校的工作者都致力於掌握本書所說的轉化方法，否則這些想法並不能影響教師及學生的生活。如果實踐者自己不負起建立此領域專業知識及學習文化的責任，那麼來自外界專家的規勸、證據以及論辯也產生不了作用。轉化這部分所需的知識，必須存在於學校、學校系統，以及該領域工作者的實踐方式之中，而非僅僅是研究者、顧問以及促進者的工作。圍繞在改善學校這方面的成功研究、知識的發展以及相關的諮詢，源頭活水來自於該領域權威觀念的穩定支援。所以這本書不僅可以作為實踐的指引來閱讀，也希望因此激發出如書中所描述的更好的工作方式。一如在一個具有影響力的班級之中，真正的學習發生在教師釋放學習的控制權，並把它回歸到學生身上之時；這個區塊的學習也是如此，當政策制定者及專家們鼓動並支持實踐者發展研究及實踐的知識時，學習才真正產生。

Richard F. Elmore
哈佛教育研究所
獲教育領導學安利格獎（Gregory Anrig）教授
2009 年 1 月

序

　　社會、經濟以及政治的力量推動了變革。創新的重擔以及變革的實施再次落在我們的學校當中。有意義的教育變革最終一定要在教室裡發生。學校的領導者在教師面對外部力量時扮演著重要的緩衝角色；同時，也促進教育改革付諸實踐。以現今的用語來說，這就是所謂的教學領導。在這本書中，我們擴大教學領導的意義，將探究以及行動含括進來。我們呈現了一位具備探究意識（inquiry-minded）以及行動導向（action-oriented）的校長。

　　創造一個新意義的危險，在於以另一組專用術語替換原有的——換湯不換藥。我們的挑戰是超越一般的、顯而易見的描述，以揭露一位具備探究意識並以行動為導向的校長在這本書中的實踐。我們介紹了李校長，他代表了在現實生活一般情況下的校長。我們描繪了李校長所運用的合作探究行動循環，以實際營造出探究意識與行動導向的校長形象。

　　我們選擇教與學作為我們的焦點，因為任何學校努力的核心正是教學的改進。學校的事業是教與學，如果改變不是發生在教室當中，可以說變革根本不曾發生過。因此，李校長的所有努力都指向教師在教室中的教學。

誰可以使用這本書

　　我們在這本書中提出的架構與具體的案例可以作為學校領導者的實踐方針。你可能因為以下其中一個理由閱讀這本書：

- 如果你是一位現任校長，正渴望與你學校的教師採用新的策略，以帶來班級中必要的改變。這本書提供了學校社群投入探究與行動的經驗，以提升學生學習表現。

- 如果你是一位渴望成為校長的人，正好奇什麼是有效能的學校領導者，這本書提供你成為有效能的校長在實踐層面以及技術層面的雙重樣貌，也就是想成為這樣一位領導者所需要的知識及作法。

- 你也許是一位極需提升學生學業表現的學區領導者或者是一位州政府教育政策制定者。對於一位學區領導者，這本書替你學區內的校長們提供了現成的專業發展系列課程。對於一位州政府教育政策制定者，這本書也可作為你與努力達成學業任務的學區領導者之間對話的基礎。

- 你或許就像我們，是位教授或者是上述群體的專業培訓者。身為渴望成為校長的教師，我們發現目前的學校校長正急於尋找改變的工具，學區領導者以及政策制定者也力求系統性的變革。為了促進我們與這些群體的工作，我們寫了這本書。我們希望你在工作中應用這本書時，也能發現它的價值。

除此之外，我們相信所有學校的教職員都可以發現每個篇章的實例均是有用的，因為我們是以課程、評量以及教學等熱門議題作為本書的架構。舉例來說，第四章即以實例詳細解說學校如何有效地使用學生表現資料。

我們是誰

我們身為實踐者、教授以及政策制定者的專業經驗造就了這本書。特別是我們首要的主角李校長，是來自於這些年作者群中的兩位在 K-12 學校擔任校長的經驗，以及我們三個人在許多學校中進行的研究。合作探究

行動循環以及用來說明的例證，是我們在許多學校研究的成果，是我們對教育方案的評價，也是我們在 K-12 班級中的教學經驗。擔任教授的這些年，與教育現場有抱負的校長們及政策制定者共事的經驗，增添了我們對於學校如何運作以及他們承受變革壓力的體認及了解。我們與全國及州教育部門、專業機構，以及學校董事會共事的經驗，也拓展了我們的視野。我們其中兩位作者的孩子已經經歷過公立學校系統，另外一位的孩子正在這個歷程中。我們當中的每一位都一直生活在學校中或未脫離學校，我們整個的生活都與學校為伍──我們了解學校，於是就產生了這本書，描述與闡明如何成為一位具備探究意識及行動導向的校長。

我們如何組織這本書

　　這本書分為三個部分：從挑戰到可能、合作探究行動循環以及讓變革發生。我們在第一、二章設定場景，首先確定是哪些力量挑戰目前改進學校所做的努力。第一章也總結了目前學校領導方面的文獻，深入探討偉大校長的迷思。在第二章，我們提出一個架構以迎接這些挑戰──合作探究行動循環。

　　接下來的三章，以三個獨立卻相關的例子，闡明如何實踐這個循環。第三章提供課程調整的實例；第四章提供評量資料促成行動的實例；第五章提供教學變革的實例。這些事例都附有圖表以及說明，對於如何將這個循環應用在真實的學校中，提供了良好的典範。

　　最後兩章構成了讓變革發生的部分。第六章綜觀三個案例，深入分析校長在合作探究行動循環的角色。最後，在最末一章，我們將李校長及這個循環放入真實的情境中。我們自問：真的可行嗎？我們反思並評估這個合作探究行動循環實踐的價值。

　　每一章的開始都有一段介紹這位李校長的短文。這些短文捕捉了李校長的期望以及焦慮，對於讀者而言應該是能真實感受的經驗。從李校長身

上，我們可以得知，一位具備探究意識和行動導向的校長感覺起來或看起來應該是如何。李校長的行動實例清楚描繪了現今教育情境的架構及歷程。從李校長專業生涯的實例中，我們看見校長如何回應及運用各種新出現且複雜的力量，這些力量夾雜著對學校及對學校領導者的要求與期望。因為李校長是我們認識的、或者是我們曾經看過的許多校長的集合體，所以我們知道這個領導者可能比現實的形象「巨大」。然而，李校長的每一個想法或行動，確實是出自於目前仍在職的校長可能有的行動。

我們希望關於學校改善與領導的架構以及李校長的實踐實例，可以激勵大家並激盪出更多的想法。在每一章的最後我們都提出了問題及練習來引導個人的反思及團體的討論。任何讀者都可以改寫這些題目，以符合他們特殊的情境、興趣及需求。

誌謝

　　過去我們認識的校長們、我們目前教導的及共事的校長們，以及我們正在培養並渴望擔任校長者——都一直在鼓舞激勵著我們。在他們當中，我們經常與以下這幾位保持互動，特別令人感到難忘：Steve Baum、Kate England、Michel Fredette、John Goldner、Lora Hall、Jesus Jara、Roland Joyal、Jerry Klomparens、Jon Manier、Darwin Mason、Anne McKenzie、Cheri Meier、Edye Morris-Bryant、Phyliss Schmidt、Muriel Summers，以及 Thomas Ward。我們也要感謝這些首長，賦予校長們空間，使之成為具備探究意識和行動導向的校長，包括： Mary Conway、Sal Corda、Jake Eberwein、Betty Feser、David Fultz、Fran Gougeon、Bob Janson、Doris Kurtz、Mike McKee、Ronald Militello、Charles Muncatchy、Pat Proctor、Diane Ullman 和 Bob Villanova。

　　我們亦感謝曾經和我們一同共事與對談的學術及專業同行：Maenette Benham、Mark Berends、Kathy Cook、Richard Elmore、Francisco 與 Miguel Guajardo、Chris Janson、Andrew Lachman、Margaret McMullen、Gretchen Rossman、Richard Ryzenga、Gary Sykes 和 Jane Tedder。

　　我們感謝與我們共同研究的夥伴：Andrew Churchill、Ian Martin 和 Liz Militello，他們花了許多時間蒐集資料以及編輯。如果沒有 Jason Schweid 和 John Militello 的技術，書中的圖表將無法完成。我們也感謝修讀博士課程的兩班學生，一班是學校領導課程；另一班是組織變革課程。他們閱讀並刪修本書最初的稿本。

　　最後，我們感謝以下這些人，從他們身上我們學得許多關於學習、教學以及如何教育美國青年（我們的孩子）的知識：Bethany（前高中拉丁語

教師，渴望成為心理學家）、Ariel（大學四年級學生，渴望成為政策顧問）、Oren（大學二年級學生，渴望成為荒野治療師）、Dominic（七年級學生，渴望成為法拉利及藍寶堅尼汽車公司的老闆）、Luke（四年級學生，渴望成為天然資源的保護者），以及 Gabriel（一年級學生，渴望成為絕地武士）。

校閱者及譯者序

　　教育是培養高品質國民的扎根工作，對於良好生活習慣的培養、健全人格的發展，以及奠定日後追求新知的基礎，都有深遠的影響。教育的成敗，繫於教師教學效能的良窳，而教師教學效能的有效提升，則有賴於校長卓越的教學領導。許多研究指出：校長的教學領導是影響教學效能及促進學校革新的重要因素，有效能的教學領導者對學生的學習與教師的教學均有相當大的助益。

　　然而，教育行政單位大都只重視校長的行政表現，而且校長的工作內容複雜、瑣碎與多變，校長將大部分時間花在處理一般性事務、做好公共關係，及行政服務上，他們很少在教學領導上做出努力。不僅無法協助教師提升教學品質，也間接影響學生接受良好教育的權利與機會，更影響到學校的革新。

　　校長教學領導是時勢所趨，也是社會關切的焦點。國內外的許多研究也不斷提倡校長教學領導的重要性，並提出種種實踐教學領導的理論。然而，這些努力仍無法撼動教育行政機關對於教學領導的漠視，與改變校長們缺乏實踐教學領導的能力。《校長教學領導：理論與應用》這本書正是結合教學領導理論與實務的研究。它希望校長在面對社會的巨大變革與挑戰，要敞開胸襟，認清校長領導角色的轉變，建立正確觀念，培養必備的能力，開展教學領導的作為；透過教師專業社群的組織與努力，使專業成長與發展成為內在的動力；運用合作探究行動循環，克服學校困境，強化教師教學效能，進而提升學生學習效果。

　　在校長教學領導理念的發展進程中，有不少學者付出畢生的心力，其中又以本書作者 Matthew Militello、Sharon F. Rallis 和 Ellen B. Goldring 最

為當今教育學者所推崇。他們身為教學領導的實踐者、教授以及政策制定者的專業經驗造就了這本書。校長教學領導所採用的合作探究行動循環以及用來說明的例證,是他們在許多學校的實證研究,也是在幼稚園到高中教室裡的教學經驗。

這本書分為三個部分:從挑戰到可能、合作探究行動循環,以及讓變革發生。在第一、二章設定場景,探討目前影響學校改革的力量。接下來三章,以三個獨立卻相關的例子,闡明校長教學領導的合作探究行動循環。透過實例與說明,對於將合作探究行動循環應用在真實的學校中,提供了良好的典範。最後兩章深入分析校長在教學領導中扮演的角色,反思並評估合作探究行動循環實踐的價值。

這本書提出的架構與具體案例可以作為學校領導者的實踐方針,非常適合校長、渴望成為校長或教育政策制定者閱讀:這本書提供了學校社群投入探究與行動歷程的經驗,適合想要改善學生學習的校長閱讀;這本書也提供校長教學領導的知識及作法,適合渴望成為校長的人閱讀;這本書替校長們提供了現成的專業發展系列課程,也相當適合亟需提升學生學業表現的教育行政官員或者是教育政策制定者閱讀。

本書得以順利出版,要特別感謝心理出版社林敬堯總編輯的大力支持,編輯林汝穎小姐的熱心協助,也要感謝所有曾經關心、協助與鼓勵的師長,以及朋友們!因為有你們的惕勵和協助,本書才得以順利出版。

希望本書的出版,能激發校長教學領導更多的想法,提升學校的教學環境,進而有助於學生的學習。若有任何錯誤、疏漏或校稿不確實之處,敬祈學術界與實務界的教育先進與賢達等,不吝惠予指正。

國立台北教育大學　林新發
國立新竹教育大學　謝傳崇
2010 年 11 月

I
PART

從挑戰到可能

From Challenges to Possibilities

CHAPTER 1

偉大校長的迷思

　　當法藍（某都會學區的學區長）離開地平線小學的校長辦公室時，李校長注視著法藍離去後那扇門。李校長不確定自己該感到興奮、難過還是該害怕才好。

　　「唉！法藍想要我接下馬歇爾中學。這將會是我校長生涯的第三所學校——先是在斯普林斯小學，接下來是地平線小學五年，然後是馬歇爾中學。學區長說因為先前我的那兩所學校運作得非常好，所以他認為我應該能夠將馬歇爾中學經營好，但我自己卻不怎麼確定。這樣說好了，斯普林斯小學和地平線小學這兩所都是充滿活力的學校，例如說：老師們在教學上力求精進、學校有許多規劃良好的資源提供老師們選擇使用、豐富多樣且互相連結的課程、樂意擔任教學領導者的成員，以及願意積極加入並支持學校辦學的家長和社區。也許並沒有很多的經費，但是有充分的資源以及把事情及時做好的毅力與意願。當有問題需要解決時，兩所學校內的教師會成員也從不採取強硬的路線。」

　　但馬歇爾中學的情形與地平線小學大不相同。學區長的一番話仍在李校長的耳邊迴響：「你在地平線小學做得很好，你讓學校老師們動了起來，更重要的是，你使學生們往前邁進。你確實非常了解學校的那些孩子，也帶動社區以有意義且行得通的方式參與學校，而不僅是家長個人意見的表達。你成功地讓學校和外界之間搭起了合作的橋梁。現在我需要你

在馬歇爾中學施展你的魔法，而我會一路支持你。」李校長認為學區長跟他講的上述這番話，簡單來說就是：「我有個難題給你，相信你能做到，祝你好運！」

現在，李校長既興奮但又有些不安，他自問：「我真的做得到嗎？我的魔法又是什麼？六到八年級與小學是這麼的不同，而且對於馬歇爾中學，我究竟知道些什麼？」史丹是馬歇爾中學的前任校長，他擔任該校校長已經十五年了，李校長從未聽過有人質疑馬歇爾中學的運作與教學。表面上，在馬歇爾中學裡，每件事都看似單純，舉例來說：學校的整體學習成就分數還可以，社區內也沒有什麼反對聲浪出現。直到最近，州教育廳強行規定這個學區以小群體的方式來關注學生的學習表現時，馬歇爾中學給人的印象就變得不那麼單純了。從資料分析小群體的表現時顯示，學校內幾個小群體的表現都低於該州教育廳所規定的標準，再講得仔細一點就是，美籍非洲裔的學生在七年級數學和八年級閱讀上的表現都低於標準，許多非英語系統或拉丁裔的學生在七年級的閱讀能力上也表現不佳，還有學校的特殊學生則是不管在哪一科，都是低於標準的。

不好的成績被報紙大肆報導後，民眾對這件事的反應是立即且廣泛的。家長們急著想知道為何他們的孩子能力不足，而學校究竟該要怎麼改善。其中一些成績不錯孩子的家長甚至考慮將他們轉到私立學校去。當地的有色人種促進協會（NAACP）則要學校擬出具體的行動計畫，以改善不同種族間的不平等現象。這個時候，一位學校董事會成員提出學校應增設資優教育方案，還有一位董事會成員則要求學校提出「回歸學科基本能力」的方法。同時間，學校裡的健康和美術老師則寫了封信給報社編輯，說他們反對這種「回歸學科基本能力」的作法，認為這樣會剝奪學生全人教育的體驗。學校裡的老師也抱怨班級人數過多，他們不可能滿足所有學生的個別需求，學區的助理課程督學則提醒老師們要堅守學區課程及其指導綱要。學區長要求史丹校長提出一個有效的學校改善方案，但不久校長

就退休了。

　　還有一個對於馬歇爾中學的印象在李校長的腦海中浮現。去年輪到馬歇爾中學主辦全學區行政會議時，學校大廳裡的氣氛震驚了前往參加會議的李校長：老師們彼此間沒有任何眼神上的交流，見了面不打招呼，也不願閒話家常；學生們一群一群無精打采地拖著沉重的腳步，沒有彼此間的擊掌問候，也沒有像一般學生那樣親近地講著悄悄話。舉目所及，這個學校沒有學生在用功，沒有活力，人與人之間彼此沒有連結，也沒有求知的好奇心。「一定有什麼地方出了問題，這所學校似乎在各方的壓力下就快要崩解了。」

　　李校長認為，這是馬歇爾中學的危機時期，各界所有的壓力如潮水般同時向學校襲來。但李校長也想到：「等等，地平線小學並不是都沒有這些壓力，我以前是如何處理的？我當時可以選擇立即指揮和下達指令，但卻沒有，而是花了很多時間去思索各界給予學校壓力背後的真正原因以及他們的需求。我不會只單獨地滿足個別的要求，而是統籌運用各界的資源，共同來解決問題。我讓各界的人知道，我們當時共同要的就只有一件事：開創一個讓孩子們能學習、成長的地方。接著，我們執行並一同運作我們的解決方案。

　　現在我也可以在馬歇爾中學這樣做嗎？我想應該是的，我可以將在地平線小學的經驗，加上從一些卓越學校和校長身上學習到的東西，用在馬歇爾中學裡。身為一個校長，我相信我有能力使它改變。」

　　像李校長這樣的職位是非常具有獨特性、挑戰性以及關鍵性的。他的工作之所以具獨特性，是因為學校要迎合新時代的各項教育需求；之所以具挑戰性，是因為我們到目前為止，仍不是非常清楚一位校長究竟該怎麼做，才能使學校發展進步；而之所以具關鍵性，是因為校長對學校裡面所

發生的大小事，都是最有影響力的。所以，李校長很重要，我們相信他將會以某種方法改變馬歇爾中學。

在這一章裡，我們將會找出現今影響學校的各界力量。接著，我們會對關於所謂偉大校長的一些迷思提出評論，並且選擇不要再讓這些形塑目前學校運作的迷思繼續存在下去。事實上，我們認為校長不該單打獨鬥，而應在一個多面向的、常與人互動的環境中執行任務。校長是很重要的，所以接下來我們會提供一些成功改革學校的例子，並且概述卓越的校長們是如何領導。

影響學校的力量

如果學生光靠校長和老師們就可以完全管理好，學校教育這個專業就相當單純了。但顯然並沒有那麼簡單，不管是學校內在和外在的影響力量，都需要納入考量，且影響學校的力量帶有多樣性、複雜性與強制性的特質（通常還具備競爭性）。然而，一所卓越的學校不能受限於這些力量；相反地，卓越的學校必須要去駕馭這些力量，進而運用這些力量支持並達到學校的核心目標——學生們情意與認知上的充分學習。

學校的背景脈絡、人口，還有社會政治經濟的需求等，一直以來都對學校教育產生影響。卓越的學校有著不同的形式，所以，沒有單一的卓越學校典範存在。然而，雖然沒有一個卓越典範可供參考，但是仍有許多特質可以用來形容一所卓越的學校。Rallis 與 Goldring（2000）就指出「動態學校」存有下列的特質：(1)教師們會自我要求與精進；(2)課程是有組織的；(3)校長將領導焦點放在教師教學與學生學習上；(4)熱心投入的家長及社區；(5)資源的快速取得與使用。地平線小學之所以成功，乃是因為它就是一間充滿活力的學校，它能將外界的各種力量拉進來幫助孩子學習。李校長現在需要知道在馬歇爾中學究竟存在著哪些力量，還有學校該如何去

因應這些力量。這樣一來，李校長才能好好利用這些力量，將馬歇爾中學
重整為一所卓越學校。

　　在這一節裡面，我們會把現今在教育領域常見的各界力量描述出來，
它們包括了：

- 績效責任。
- 學生多樣性。
- 全球化。
- 競爭。
- 社區─學區─學校間的關係。

績效責任

　　當前教育的績效責任，就是以學生成就測驗成績為依據。聯邦政府透
過《不讓孩子落後法案》（No Child Left Behind, NCLB），大為提升學生
成就測驗結果的重要性。舉例來說，「年度進步標準」（Adequate Yearly
Progress, AYP）就規定了各州測驗成績的進步標準，而這些成績主要是來
自於符合 NCLB 法令的正式成就測驗，也造成今日教育績效責任幾乎已跟
學生成就測驗的結果畫上等號（Darling-Hammond, 2004; Ogawa, Sandholtz,
Martinez-Flores, & Scribner, 2003）。以往，教育法令都是由學區所主導，
而現今講求成就測驗之績效責任時代，則是由教育的基層（學生、教師、
校長）開始要求：例如學生的測驗成績被用來當作畢業的必要條件；而成
就測驗成績的對外公開也對教師造成影響；校長亦因此而感受到調職或失
去工作的威脅。

　　儘管以成就測驗的資料來促成教學的改進，經常會陷入法令的泥淖
中，聯邦和州政府現在仍特別要求學校，要向上通報學校中不同背景次級
團體學生的成績，而非學校的整體成績。有些人贊許這是一項新的教育權

改革運動（Skrla, Scheurich, Johnson, & Koschoreck, 2004），因為此種措施使得先前一直被忽視的次級團體差異備受重視。非整體性的學校成績資料幫助教學者，在進行特定次級團體的教學時，能作出更有利於學生的決定。重視學生測驗成績的資料使我們有所依據──就像 Rothstein（2004）所說的：「人口統計資料並非定數。」（p. 61）因為檢視學生的成就資料能解開一些關於學生學習成就的迷思（如家庭背景）（Massell & Goertz, 2002），也可以幫助教育者專注於學生考試成績不理想的根本原因（Valencia, Valencia, Sloan, & Foley, 2004）。

　　有人認為這種標準化的成就測驗只是個經費欠缺又流於形式的政策，帶給學生的影響不大；有些人甚至建議，過分重視測驗成績，會對孩子帶來負面影響。人們雖期待「有一大筆聯邦經費的挹注，為學校帶來所需的資源，進而達成顯著的進步」（Orfield, 2004b, p. 4），但是這樣的期許卻從未被實現過。到頭來，學校被告知政府無法提供額外的資源與支持，但學校仍有責任要改進學生的學習成就。這造成教育人員沒有考慮對課程、教學以及成就測驗上有所連結，而只對測驗更加依賴。如今，「課程教學與成就測驗之間已經本末倒置」（Popham, 2004, p. 420）。研究指出績效責任制度造成的意外後果如下：

- 考試領導教學（Amrein & Berliner, 2002; Carnoy, Loeb, & Smith, 2003; Earl & Katz, 2002; Earl & Torrance, 2000; Haney, 2000; Jones & Egley, 2004; Kornhaber, 2004; Massell, 2001; McNeil, 2000; Popham, 2001）。
- 課程間無法融合所造成的過度分化現象（Siskin, 2003）。
- 沒有考試的科目（如職業與人文學科）漸不受重視（Siskin, 2003）。
- 學生能力下降（Black, 2005; Merchant, 2004）。

　　無論如何，成就測驗的績效責任會提高學生學習表現的重要性，並且將成績分析的層級從學區及社區變成學校及教室（Fuhrman, 1999）。

　　若要以績效責任制度來提升教育，必須具備某些特定條件：

1. 同等重視教學過程與測驗結果。
2. 兼採正式的成就測驗與其他多樣性的評量方式（如形成性測驗與認知分析資料）。
3. 鼓勵教學的創新。
4. 在學校本位專業自主與合理的上級規範中取得平衡，例如與州定學生學習水準達成一致。

學生多樣性

　　校長每天在學校所處理的另一項問題，就是學生的多樣性以及學生需求的差異性。這種差異性不僅是機會也是種挑戰。學生在膚色、語言及民族傳統的不同，明顯反映出美國人口組成的改變，如果校長和老師可以體認和開發這份多元文化的豐富資產，就可以提供學校充分的資源；而要能做到如此是一種挑戰。雖然學校是社會化的主要方式，但隨著學生的多樣性增加，這個任務變得越來越困難，以致結果也變得更無法預測。為了提供一個公義、值得信任的學習環境，學校領導者在學校內除了基本的道德規範，還必須意識到大量的多樣性因素。雖然傳統的看法基本上都著重於種族多樣性，但我們應考量到經濟地位、語言、身體健全、性徵、性別認同和宗教信仰的多樣性等細微處。

　　在美國的學校內，種族依然是最明顯的多樣性象徵。目前從幼稚園到中學有 59% 的學生是白人，17% 是黑人，18% 是西班牙裔人（National Center for Educational Statistics [NCES], 2006）。預計到 2020 年時，公立學校的白人學生將少於二分之一。當學生多樣性提供了機會與挑戰的同時，

有時也會造成誤解，因為對於白人學生個人而言，學校裡幾乎 80% 都是白人學生；對於黑人或西班牙裔學生而言，學校則大約有 60% 與他們相似種族的學生（Orfield & Lee, 2005）。雖然這些族群的輟學率正持續下降（黑人和西班牙裔人已超過 10%），但族群之間仍然有很大的差距存在（NCES, 2008; Orfield, 2004a）。就這點來看，校長仍必須以 1960 年代有關廢除種族隔離、公開或隱藏的種族偏見、同儕社會互動（peer integration）、系統性的壓迫和不公平的待遇等，作為設法解決的理論依據。

除了種族的多樣性之外，學生社經地位的差異性也是學校裡公認的重要因素。現今，有超過 40% 的四年級學生具有免費或部分午餐補助的資格（NCES, 2006）。越來越多的研究者與實務工作者認為，社會階層比種族更能作為學生行為和表現的預測指標（見 Rothstein, 2004）。因此，學校領導者不但必須處理種族上的不公平和緊張，也必須處理社會階層的議題。

由於移民者的移入，學生有來自於東南亞、加勒比群島、拉丁美洲、中東、東歐和俄羅斯的，因而擴大了種族和經濟的組合。目前美國的公立學校有超過十五個族群、總數超過十萬的移民學生。公立學校中，學生家庭的母語不是英語者，從 1979 年的 9% 上升到超過 20%（NCES, 2008），所以學生需要以英語作為第二語言的教學或熟練基本英語課程的比率持續上升。在語言教育方面，需求最高的便是大量來自於受戰爭迫害國家、經歷了身心創傷的學生們。在這些情況下，校長被賦予的挑戰就是提供這群學生一個安全、能培育他們的學校環境，而且讓他們可以接受主流的課程及進行學習成就的測驗。

同樣地，有關身體的健全、性徵、性別認同和宗教信仰的多樣性，也是學校所必須討論的議題。美國有超過六百五十萬的學生（或是全體學生的 16%）是有特殊障礙的（NCES, 2006）。這些學生分別在學習、情緒及身體特徵上有著不同的特點：有些需要全面的醫療照顧，有些則是需要在

其教學計畫上做細部的調整，但有些仍得不到任何服務。雖然法令已投注相當多的精力在為有障礙的學生創造公平的空間，但卻沒有投注相同的關注給性別認同與他人不同的學生，而這些多樣性的因素也需要在學校受到重視。在 2007 年，專門調查和報告戰爭犯罪與政府壓迫的非政府國際組織（NGO）—— 人權觀察（Human Rights Watch），指出在美國公立學校中，普遍盛行著反男女同性戀、反雙性戀及反變性人的暴力與騷擾行為，學校管理者在此方面亦無所作為。簡而言之，就是學生、教師和學校行政人員對性別認同與他人不同的學生進行暴力與騷擾。

現今學校內的學生都有各自不同的信仰，當憲法第一修正案確認了美國對宗教信仰的多樣性與包容性時，學校就成為這項權利的試驗場所。除了法庭的判決之外，在學校走廊、遊戲場或教師進行教學的選擇中，都充斥著因循社區規範所產生的價值判斷。隨著媒體不斷提高對宗教偏激者案例的注意力，以及對禱告或各校對某些宗教有特別偏好的質疑，學校領導者更須意識到學校複雜的宗教環境之細微處。

目前在司法判決與法律修訂的趨勢上都朝向將多樣性的觀念簡化，但對於校長而言，學生多樣性卻不是一件簡單的議題。校長不但必須面臨學生所帶來的無數不同組合的需求，還必須積極努力地確保過去的不公平現象不會再重現。不管學生的需求為何，既然他們人在學校裡，在某種程度上，社會都會要求學校必須滿足他們的需求。今日，多樣性的概念已從過去的容忍與適應，轉變為融合與認知。對於校長來說，機會就是可充分運用各個族群對於學校環境的貢獻；挑戰則是必須設法解決族群間的不公平情形及緊張對立，要能做到如此，需要一種特殊的領導方式。總而言之，學生的需求、權利和不同族群對學校的貢獻，引進了大量對於課程以及學校領導者的要求與期望。現今的校長應將學生的多樣性視為教學和學習上的一項資源。

全球化

　　Thomas Friedman 曾使用「扁平的世界」這個詞語,來表達因科技進步所創造出的一個不同於以往的世界經濟與溝通系統(見 Friedman, 2007)。過去 Copernicus 為了證明我們的世界並非平面而抗爭,但 Friedman 卻用這個隱喻來闡述,世界經濟和溝通方式的變化對幼稚園到中學的學校傳統運作方式產生影響。說得明確一點,就是全球化的世界已經創造了對於新經濟形式的新需求。過去社會把學校目標設定為培養維持和擴大經濟所需之各類員工。世界各國(Friedman 以印度和中國為例)正透過急速的經濟發展來擴展國力,因此在這些國家的員工們都得學習科技能力與英文,使得工作機會逐漸轉移到美國以外的國家。雖然這樣的業務外包模式逐漸增加美國消費者的購買力,但評論家也指出,就業率正在下降。這種業務外包的經濟型態也提高了較高技術層面工作的需求,結果便是大眾期待教育要能提升學生的就業準備,特別是幼稚園到中學的數學及自然科學課程因而面臨了龐大的變革壓力。

　　這種情形使教育的目的產生了明顯的轉變。Labaree(1999)認為教育的目的為:(1)民主平權;(2)社會效率;(3)社會流動。不過今日,為了能在全球市場經濟體系中生存做好準備,已成了教育的額外負擔。教育政策和學校的回應方式,便是更明確的將教學重點放在數學和自然科學上,而這種「雙重」(double-block)的核心主題課程,將不利於藝術、體育和人文學科的學習(見 Siskin, 2003)。雖然學生能精熟核心課程領域的內容,我們仍須考慮到傑出的創造力、創新和工藝技術,它仍然是強大經濟體的品質保證(見 Florida, 2002; Pink, 2006)。Rothstein(2004)曾提到,雇主一致渴望具有基本溝通技巧與強烈職業道德的員工,勝過僅具有特定專業技能的員工。有趣的是,最近 Friedman(2007)最新版本的「扁平的世界」也提到,新加坡和中國都在為他們的孩子尋求更全面的教育經驗。

雖然在這些核心課程領域的精熟是通往經濟成功的道路，但經濟的永續成長卻根植於核心知識與創造力、創新之間的平衡。在這樣的爭論中，學校就成為了槓桿兩端之間的平衡點。學校的目的不僅是要教育所有的學生，更要培養學生成為全方位的人，不管是在情意上或認知上。此外，學校還必須運用校外多樣化的支持力量，來教育各種特殊需求的學生。要在這個全球化的、或者說扁平的世界中成功，不再是取決於給予學生更多具體的課程，而是學校必須堅持使命去教導所有的學生成為全方位的人。這也要求學校將課程和教學的目標，放在讓今日的學生為適應未來的世界，做全面性的發展與準備。

競爭

近來的教育改革政策，試圖把市場原則運用在幼稚園到中學的學校教育裡。這些政策提供給學生家長選擇學校的權利（見 Chubb & Moe, 1990）。提供家長選擇權的理由之一，就是教育提供者之間對於學生和資源的競爭，可以迫使公立學校進步。家長選擇權的擁護者堅持，因地方政府壟斷了公立教育，缺乏競爭的結果「導致平庸的文化，以及對學生表現的遲鈍和冷淡。要求學校為了學生和資金競爭，迫使學校必須展現他們提供高品質教育產品的能力，以便在家長如同教育消費者的市場中求生存。因為家長可以用他們的雙腳來對學校進行投票，隨時離開他們覺得不滿意的學校」（Lacireno-Paquet, Holyoke, Moser, & Henig, 2002, pp. 146-147）。

競爭或家長選擇權包含了一系列不同的政策安排。例如提供教育券給家長，來選擇讓孩子念私立學校、教會學校或特許學校；進行跨學區或學區內的公立學校選擇；參加磁性學校計畫或廢除種族隔離計畫；選擇職業教育、特殊教育計畫或在家自行教育。此外，或許最普遍的學校選擇形式，是每個家庭會根據他們所知覺到的學校品質來選擇所要居住的社區。聯邦與州政府所進行之標準化測驗的改革，讓學校和學區的測驗結果更加

公開化，更增加了這種競爭的壓力。

　　家長的學校選擇權因為種種不同的理由，被視為一個可行的教育改革策略。有些提倡者認為從提供公平的立足點來看，家長選擇權給那些被迫待在表現不佳學校就學的低收入家庭學生，提供了更廣闊的教育機會。有人認為，如果家長可以為他們的小孩選擇教育的方向，學生的學習動機和表現將會更加優異。還有一些人堅信，這樣的選擇權會讓學生找到更適合自己的學校，因而改善他們的學習經驗。市場經濟的支持者認為，不斷增加的競爭將會帶來革新與進步，主流的教育系統將會變得更有效率和效能。許多人聲稱，學校若能擺脫傳統的限制，將成為學習的標竿和創新的實驗室，能夠發現與分享新的教育構想。總而言之，從哲學和教育學的角度出發，提倡者相信家長的教育選擇權，能為擴大教育公平、教育機會和教育改革帶來希望。

　　另一方面，持反對意見者所關心的包括：美國公立學校的倒閉以及可能因不同族群、人種、階級和收入而造成的公共教育巴爾幹化（balkanization）（分裂與敵對）。有些人批評教育券政策與 2002 年美國最高法院的 *Zelman* 判決案例，使教會和國家的分化模糊。公共教育市場導向的批評者反對私人企業參與學校和學區的管理，並反對他們從中牟取暴利。某些人對於資金從學校被轉出感到憤恨；還有人警告說，高風險族群（窮人）沒有辦法從市場導向的教育系統中獲得翻身的機會，因為他們最沒有能力去主導這種教育系統，並且缺少參與教育的工具（例如交通車輛）。同樣地，高風險的學校也無法從市場導向的教育系統中獲得好處，因為他們缺乏資金打廣告，又沒有能力提供學生更豐富的學習，根本無法與其他學校競爭。

　　家長的教育選擇權所帶來的競爭，可以讓目前的主流學校朝許多不同的方向來努力。一方面，有些學校會增加藝術相關的教育，以面對鄰近的藝術特許學校的威脅；另一方面，以學生數為學校資金給予基準的方式，

常使學生數流失的學校減少收入，但是學生人數的減少，又還沒有迫使這些學校意識到必須靠解聘教師來減少成本的地步。

　　Lubienski（2006）發現，「公立學校所具備的特質」（p. 324）使得學校不會對家長的教育選擇權所期望的競爭有所反應：(1)新學校還是寧願擁抱傳統，而非教室內的教學創新；(2)創新通常僅限於學校行政與行銷，而不會是在教室裡；(3)學校大多數的創新與教育變革通常是為了因應公部門的政策，而不是從競爭的壓力而來。所以因競爭而感到困擾的學校校長，會將焦點放在提供豐富、多元和有意義的教育經驗給學校裡的學生，而不是如何去吸引新的學生。

社區－學區－學校間的關係

　　現今學校的領導者，被來自他們學校、學區與社區中有勢力、有影響力的人拉往各自不同的方向。一個有效能的領導者必須透過策略性的外交手腕，來維持這些勢力的平衡（Lutz & Merz, 1992）。在學校教育中，家長和社區是非常具有影響力的，但在行政人員的培訓中卻常被輕描淡寫（Epstein & Sanders, 2006）。社區成員及家庭與學校之間的互動方式，對學校具有極關鍵的影響，在互動的方式上，各個學校是有差異的。有些學校維持權威性的文化，與社區間運用正式而傳統的互動方式；有些則是積極地將學校定位為社會與社區資源的中心。這兩種迥異的方法，會使學校對於社區影響力的管理出現非常不同的取向。

　　傳統學校經營社區的方式，包含辨識社區裡具有權勢的人物和團體以及維持良好的公共關係（例如：參與地方的獅子會會議、每週發行學校刊物、參與年度的冬令救濟活動等）。然而現今的學校多被視為在喧鬧社區環境下的一個穩定支柱，因此，改革者正試著運用新的方法將學校與社區結合。許多都市藉由鼓勵市內的學校參與其社區以及與社會服務機構合作，來爭取有限的兒童福利（Mawhinney, 1996）。目前已出現許多將學校

與健康福利機構結合，來為兒童及其家庭服務的成功案例（Adler & Gard-
ner, 1994; Rothstein, 2004）。這些新的創舉，其目的是為了能滿足各類型
兒童及其家庭的需要，故學校和校長被交付新的、不同的要求，也就是
「學校將超越本身的限制，成為孩童所發生任何事之處理者」（Goldring
& Sullivan, 1996, p. 206）。因此，學校不僅對教育孩童負有責任，它還肩
負著孩童的所有福利。

　　但是，創造一個「全面服務」學校，對學校領導者所要求的視野與技
巧，都遠超過簡單的社區影響力管理行為。為了要能參與社區，學校必須
針對如何將其功能與社區的需求結合進行有關的研究（Rothstein, 2004）。
校長現在所參與的計畫和活動，將遠超越學校課程的範圍。學校可能會擴
大一系列非教學的服務，在某些個案中，他們甚至會完全改變學校的目的
（Crowson & Boyd, 1993）。然而，較為大型的社區對學校的最新期望，
是「重新調整家庭與學校間的關係，使其能超越專業與私人領域間難以跨
越的協商界限」（Smrekar, 1993, p. 3）。校長與專家的互動，比教室裡的
教師與輔導專家更為深入，他們也與社區的領導人合作，讓學生參與社區
服務（Eberly, 1993; Militello & Benham, in press）。

　　許多學校領導者快受不了校門外寬廣而複雜的社區，而且社區的需求
多到讓學校根本無力滿足他們。縱使有這些明顯的難處，我們仍可透過相
關的計畫來平衡社區的影響力，最後可能跨越界限，並提供一個自然的緩
衝，以保護學校免於受到社區負面的影響（例如社區對學校的不滿、地方
政治的變化、拒絕給予資金的選民、人口或經濟地位的改變或是社區內權
力的轉換）（Lutz & Merz, 1992）。因此，有效能的領導者了解對社區影
響力因素，進行管理的長期利益。他們樂於與家庭和社區成員互動，主要
是要讓社區民眾知道，眾人所表現出的積極或消極價值和態度，將會影響
其學校參與；他們創造有助於家庭、社區與教育者間信任關係的氛圍；最
後，他們設計可以提升責任、分享意識的策略（Christenson & Sheridan,

2001）。因為這些活動需要很多的努力與合作，所以學校領導者會把家庭與社區成員賦予學校的公共價值，當成給予學校的獎勵。

　　學校並不是存於無人居住的環境，他們立足於所處社區環境的社會脈絡下。社會的結構顯露出家庭結構的多樣化、職業、種族和族群背景、健康照顧的需求，以及支持系統——以上這些都對學校與校長產生巨大的影響。多樣貌社區不僅對學校產生新的需求，也使校長成為滿足社區需求與開發社區資源的重要樞紐。

小結——影響學校的力量

　　上述這些力量和其他的力量正在學校裡運作。有些力量因為其社區而具有獨特性，有些則具有系統性（例如高教師流動率，特別是在那些長期處於低收入狀況的社區）。校長要如何妥善處理這些力量呢？面對這些力量所帶來的挑戰，校長有幾個選擇：校長可以忽視它們——造成學校瀕臨險境；校長可以被動地回應它們——讓它們決定學校的一切；或者校長可以掌控它們——以道德的方式利用它們來形塑學校。像李校長這樣的校長就是採用後者的方法，他利用這些力量去推動教學與學習。通常處理這些力量的重擔都是落在校長身上，因此產生了一個身為校長就該做好所有事情的迷思。

偉大校長的迷思

　　有效能的學校需要一位能夠維持學校各項功能的管理者，以確保學校能具備正向而積極的組織氣氛。這樣的學校中，校務的運作必須流暢，各項活動間彼此協調，學生和老師具有安全感；同時，有效能學校中的教師需要一位教學領導者，來激勵他們的教學成果與專業發展。維持與發展這兩種功能對於有效能的學校來說，都是不可或缺的，而在大部分的學校

裡，這兩項功能都屬於校長一個人的責任。大家都期待有效能的校長可以維持學校的順利運作，而現在校長的責任遠不止於此，他們還得花很多時間來擔任課程、教學以及評量的領導者。

校長的工作如千斤重擔，因為學校是複雜的有機體，它必須回應許多不同階層的要求，在同一個時間內，學校要對具有特定社區背景脈絡的不同需求進行回應。學校的日常工作事項隨著社區民眾而變動，他們每個人對於學校的目標、活動以及資源都有自己的看法，而校長也許是學校裡面唯一可以看清以及理解這個複雜圖像的人；除了校長，很少有人可以接觸到學校這個鬆散結合的結構中所有獨立運作的部門（見 Weick, 1976）。人們對於校長的要求不僅沉重，而且來自四面八方：從政策的執行者，到地方上的生意人或是教室內的學生。為了執行這項工作裡的諸多任務，校長需要廣泛的知識基礎與多樣的技能。他們需要了解兒童及其發展階段、教學法與學習模式以及教育的哲學等；他們要具備學校經營與管理財務的能力；他們要與社區保持親近；他們要有與其他成人一起有效率工作的溝通與合作技巧。

光是管理學校的工作便可以把校長一整天的時間耗盡，因為他要設法協調這個鬆散組織裡的各個部門，讓它們能夠順暢的運作。在老師能夠開始上課之前，校工要把教室準備好並且將走廊打掃乾淨；課表必須做好安排，學生也要被妥善分派；自助餐廳的工作人員得把餐食準備好；暖氣與電力要能順利供應；最重要的是，與家長和學區辦公室間的持續溝通。校長藉由監督與協調各項活動來管理好這些基本事項，老師、學生與家長才能對學校有所期待並有安全感。事實上，這些都是學區階層最常要校長負起責任的管理任務。

不過校長還有個更重要的責任——擔任教學的領導者。他必須確認學生學習的需求、建立課程與教學的方向、將理論與實務做最好的結合、使用適切的資料以及促進教師精進教學。雖然教學是目前學校教育的核心，

但它仍只是學校裡許多決策制定領域中的一環。但，近年來重視學生成就
測驗結果的績效責任制度，已將教學領導的重要性大為提升。

　　過去數十年來，為數眾多的教育任務、研究與法律，將目標放在如何
讓學校提升績效以改進學生的學習成就。對於校長來說，這意味著「工作
要更努力」，也就是說，這份已經不容易的工作變得更加沉重了。然而學
校組織的結構與資源的分配方式仍未有大幅度的改變，老師也仍然可以選
擇關上門，在教室中做他們自己想做的事（見 Lortie, 1975; Tyack & Cuban,
1995），因此改變的責任就落在校長身上，他們被期待能提出策略性的解
決方式，帶領學校一天比一天進步。此外，研究也顯示，校長的領導能力
訓練、薪酬以及各界的支持，在達成學生成就測驗績效責任的目標上，事
實上並沒有很顯著的幫助。

　　在政策的約束力與風險提高時，組織與其領導者會傾向運用指揮控制
的方式來回應（Rowan, 1990）。行政人員有服從命令的巨大壓力（Ogawa
et al., 2003），而這些命令常導致高度集權式的領導行為（Lemons, Luschei,
& Siskin, 2003）。Spillane（2000）認為這種指揮式的領導，讓領導者成為
獨裁者，以求達成績效責任制度所給予命令的一種行為主義。說得具體一
點，績效責任制度對學校的要求，引起了一種為找出立即之解決方案的巴
夫洛夫式反應（古典制約），這種反射性過程導致了組織在選擇可行方案
時的狹隘觀點（Brown & Duguid, 2000; March & Levinthal, 1999），也就是
通常只參考鄰近學校的舊作法而已（DiMaggio & Powell, 1991; March,
1999c）。不幸的是，這種過程忽略了學校環境的全面性影響，抑制了冒
險、探索以及不同人員間的對話，以致於又導致新的、需要立即解決方案
的問題發生。像這樣的方式對於建立教師能力是不利的（Elmore,
2003a）。

　　受制於這種狹隘的觀點，校長常感到孤立，而孤立感常導致校長覺得
自己「高處不勝寒」。這種官僚體制創造了單向回應的系統，社區家長會

到校長的辦公室中丟下他們的問題與個人瑣事，並且沒得到滿意的解決方案前不願離開。這種不正常的、直線式的互動本質，使我們想起了 1990 年代的一句格言：「垃圾進，垃圾出。」校長為了對還沒有界定好的問題找出解決方法，這種壓力造成他們容易對事情過度反應，也因此讓他們更加孤立。校長處在學校各項活動的中心，但他們卻是孤軍奮鬥，這種孤獨是很難以想像且令人手足無措的。Driscoll（2007）記錄了 Philip Jackson 擔任芝加哥大學實驗學校校長時的經驗：

> 但他不只一次回答過他很寂寞，同時也提到身為學校領導者日復一日的孤立感，這種感覺部分來自我十分熟悉的學校教職員……雖然我認識他們，但卻又無法與他們彼此分享信賴。（p. 98）

這種模稜兩可的心情，又因為一種「受他人無止境監視的感受」而加重（Driscoll, 2007, p. 98）。校長要為學校願景與管理負責，又要在眾人的目光中，對於專門的、私人的學校細節加以保密，加上處在孤立的地位中，校長很容易就覺得自己難以承受。Spillane（2000）建議運用「情境的」或是以實務經驗為基礎的領導方式，對於引起深層的教師變革與教學改進會比較有效。這樣的方式與指揮領導方式可以幫助校長思考學校需要什麼、誰能有所貢獻以及哪些事情需要完成等，使大家能共同追求一個更高層目標。

偉大的校長只不過是一個迷思，因為要吸引和留住高素質的校長已經成為一個問題。使人幾乎無法承受的壓力與各方需求，造成校長職位具有高流動性。如同 Fink 與 Brayman（2006）所推斷，校長會感到沮喪、自主權被剝奪，並造成「學校領導者的加速輪替，以及能力、資格與準備度都不足的替代者出現」（pp. 62-63）。Quinn（2002）總結了現代校長的壓力

如下：

> 與日俱增的工作壓力、學校經費、學校管理與教學領導的平
> 衡、新的課程標準、教育日益多樣化的學生族群、承擔以往屬於
> 家庭或社區的責任，還有面對隨時可能來臨的位子不保——如果
> 他們的學校無法看到立竿見影的成效。（p. 1）

除此之外，越來越少人爭取校長這個職位。根據全美中學校長協會
（National Association of Secondary School Principals）表示，美國有半數的
學區面臨行政管理人員申請者不足的問題（Quinn, 2002）。在某些被認為
需要面對挑戰性的工作條件、貧困與少數民族學生數眾多、教育經費不足
以及城市環境的學區中，欠缺校長的情況尤其嚴重（Forsyth & Smith, 2002;
Mitgang, 2003; Pounder, Galvin, & Sheppard, 2003; Pounder, Reitzug, & Young,
2002），許多高度貧窮學區的一個校長職缺，大都少於六位申請者（Roza,
Celio, Harvey, & Wishon, 2003）。

很少人有志於這個工作的事實，並不令人感到訝異。很多人都認為校
長應該要配備一套「盔甲」（Sykes, 2002, p. 146）。因為有這麼多的需求
與責任都放在校長一個人身上，而且他們還必須被動的去抵禦各種勢力經
常不斷的無情衝擊。這個問題的成因，可能是來自於人們把卓越校長塑造
成獨行俠或是英雄的形象，要求他們去達成一些超人才做得到的不可能任
務。

在現實裡，校長幾乎不太可能單獨行動，而是將他們的行動融入學校
與教育環境中。了解自己處在學校社群的哪個位置，以及校長的行動如何
與他人相連結，如此可減輕一些壓力，並實踐偉大校長的圖像。不管是所
有的榮耀或是全部的責難，都不應該只落到校長一個人身上。

幾十年前，Lightfoot（1983）提供了一種非獨自行事校長的圖像。在

一所學校裡，校長能夠「追尋資源並擴展眾人視野」（p. 42），因為他能藉由與社區團體及領導者的聯絡搭建橋梁，以建立可以將學生與現實世界相連結的教學計畫。Lightfoot 所提到的另一位校長則是促進大家的參與及合作，她描繪這位校長是「跳到戰壕裡激勵、誘導以及鼓勵人們『盡力而為並且做到最好』」（p. 68）。他還是一個保護教職員的緩衝者，讓他們能自在的盡己所能。在另一所中學裡，Lightfoot（1983）說明了一個小鎮會議如何改變了權力與決策的模式，而由整個學校社群來進行。其他的例子也顯示了校長不能單打獨鬥，當 Louis 與 Miles（1990）在描述變革成功的中學教職員間之關係時，他們提到一種親密的、有凝聚性的內部網絡。在《賀瑞斯學校》（*Horace's School*）這本書裡（Sizer, 1992）提到，教師自己會引領變革。Goodlad（1984）則強調學校需要能使眾人在尋找解決方案時達成共識的幹練校長。近年來，有效能的校長強調其社群領導的實踐（見 Militello, Schweid, & Carey, 2008; Printy, 2008; Supovitz & Christman, 2003）、提倡將行動聚焦在教與學的核心中（見 Elmore & Burney, 1999; Hightower, 2002）、探索留住學生的方針（見 Bryk, 2003），並且使用資料來發展新的支援機制，以落實新的教學與學習策略（Coburn & Talbert, 2006; Militello, Sireci, & Schweid, 2008; Supovitz, 2006）。像這些例子都有助於提供校長深入了解卓越校長的迷思。

校長十分重要

校長十分重要。校長領導對於學校的效能極具決定性，其重要性僅次於班級教師以及課程品質（Leithwood, Seashore Louis, Anderson, & Wahlstrom, 2005）。校長的角色被定位在重塑一個學校的文化（Deal & Peterson, 1998），並提升其成就，然而，校長領導與學生成就間卻不容易存在直接的因果關係。即便如此，我們還是可以藉由校長創造影響教與學的組織情

境及能力,將校長領導與學生成就連結起來(Leithwood et al., 2005; Leithwood & Wahlstron, 2008)。更明確地說,不同類型的校長領導對學生成就是有影響的(Leithwood & Mascall, 2008; Marks & Printy, 2003; Robinson, Lloyd, & Rowe, 2008);此外,校長領導對教師專業社群的建立與長期維持也有影響(Printy, 2008; Wahlstrom & Seashore Louis, 2008)。簡言之,校長可以發展一個學校的能力,而學校的能力則可以改善學生的成就(見 Day, Harris, Hadfield, Tolley, & Beresford, 2000; Leithwood, Jantzi, & Steinbeck, 1999; Sebring & Bryk, 2000)。

校長要改善教育所需具備的技能、知識及個人特質如今已被廣泛地探究(Elmore, 2000, 2002b, 2003a; Hallinger & Heck, 1996; Leithwood et al., 2005; Marzano, Waters, & McNulty, 2005)。研究建議,要提升學生的學習,需依賴強而有力的領導;研究發現:學校領導透過與老師的互動,在提高學生成就之學校效能上,約占了四分之一到三分之一的重要性(Hallinger & Heck, 1996)。舉個例子,一項「美國中部教育與學習研究」(Mid-Continent Research for Education and Learning, McREL)的教育實務工作後設分析,指出了學校領導者特定行為的影響力(見表 1-1)。

透過「美國中部教育與學習研究」發現,校長領導可用「第二階層」(second order)在建立共同願景、改善溝通及合作決策等方面的變革或系統性變革,來提升學生學習成就(Marzano et al., 2005)。同樣地,一項由史丹佛教育領導學院(Stanford Educational Leadership Institute)對於學校領導相關文獻所實施的後設分析發現,有效能的校長(Davis, Darling-Hammond, LaPointe, & Meyerson, 2005)會做以下幾件事:

- 充分支持教師。
- 管理課程以促進學生的學習。
- 轉變學校成為建立教師能力,促進所有學生學習的有效能組織。

表 1-1　「美國中部教育與學習研究」發現，領導行為能影響學生成就

行　為	定　義
彈性	根據情境需要調整其領導行為，並可接受異議。
監督／評估	監督學校運作的效能及其在學生學習方面發生的影響。
變革的動力	自發地及積極地挑戰現狀。
課程、教學及評量的知識	熟悉當前課程、教學及評量的實施情形。
智性啟發	確定全體教職員知道最新的教育理論與實務，並使這方面的互相討論成為學校文化的固定面向。
理想／信念	以堅定的理想及信念來進行學校的溝通與經營。
催化者	鼓勵並引導新的、有挑戰性的創新行動。

　　校長不能只期望老師及其他的教職員去從事些沒有結構、支援及資源的新行動。根據Newmann、King與Young（2000）的研究，發展學校的能力有四項核心要素：(1)發展個人知識、技能及特質；(2)要有解決功能性問題的專業學習社群存在；(3)連貫性的全校計畫；(4)提供支援師生事務的技術資源。校長的職務便是要增加組織的凝聚力、建立一個穩定的平台、發展個人的能力、培養教師領導者、提供適當的資源、執行支援機制，以及把整個學校社群的重點放在學生學習上。

　　當 James March（1978）指出，校長得到上級機關的指示，看起來比較像是「祈克果（Kierkegaard，丹麥神學家）所註記的公車行程表」（p. 244）。或許他是對的，但還是有一些作風英勇的校長、學校及學區之案例。揭開偉大校長迷思的歷程，要從一個由教育家與社區成員所組成，把孩子從學校內外環繞起來的團隊發展說起。校長毋須當一個孤獨的超級英雄，即使事實上他們可能在培養及帶領著一群超級英雄。不過他們的確需要一種架構或是過程，來幫助其打造堅強團隊、啟動團隊能量，並支持改革的行動。

本章總結

　　從本章我們了解到學校在校內外眾多的勢力下備受煎熬，我們也知道校長的重要性，以及偉大校長的概念不過是個迷思。這一章確認了學校周遭各個勢力的種類，以及使校長具有效能的特定要素。校長並不需要成為超人，但他們需要利用各種勢力，運用學校社區民眾的力量，發展合作的探究行動方式，來幫助他們成為優秀的校長。下一章我們將描寫卓越、有效能的校長是如何讓自己不被各種力量所牽制，並運用現有能力，發展新的能力，進行探究意識與行動導向的工作，來平衡、緩衝和接受新的教育挑戰。卓越學校的校長會以探究與行動的方式來完成上述的理想，但這工作並非一個人便能獨自完成，而是要靠校長領導著老師與學區，透過謹慎、小心、聚焦，以及扎根於合作探究行動循環來完成。

▶▶ 反思與討論

1. 製作「影響學校的力量」表格。在表格上方，列出本章所討論到的五種影響力量，你也可以加上其他對你的學校具獨特影響的力量；在表格的側邊，分為上下兩列，一列寫出學校目前的教育環境，一列則是想要成為或是想要學習的標竿學校（見下頁註），每格的內容要寫出學校所面臨的挑戰與相關的機會。製作出來的表格像下頁這個樣子：

影響學校的力量

		績效責任	學生多樣性	全球化	競爭	社區關係
目前學校	挑戰					
	有關的機會與策略					
標竿學校	挑戰					
	有關的機會與策略					

2. 製作一個表格來說明你目前的學校以及標竿學校中校長的重要作為，寫出你或者校長是如何領導及促進這些活動，再寫出標竿學校中這些活動的表現情形。製作出來的表格會像這個樣子：

校長的重要性

	學生生活	學生成就	教師生活	教師專業發展	親師互動	其他
目前學校						
標竿學校						

3. 使用完成後的「影響學校的力量」表來進行討論。可以請一群教育人員同時填好上面的表格，再集合全部的人討論彼此異同之處。思考在你的學校中，這些策略要如何被支持、修正或是強調，以及那些在標竿學校中所發現的策略要如何才能被你的學校採用。

註：標竿學校可以是一所你所知道的真實學校，也可以是你在書上讀過，或是一所你想要多了解一點的學校。可以考慮與你所認為的標竿學校領導者進行訪談，或是透過網路搜尋標竿學校面對挑戰來臨時的因應方式。

2

合作探究行動循環

　　李校長接受擔任馬歇爾中學校長的挑戰。每年學校開學前一週的星期五下午，老師們固定會進學校來整理他們的教室；守衛仍照往常刷著地板，校車的時間表問題也尚待解決；各處室主管們提出預算要求；班親組織（Parent Teacher Organization, PTO）希望他們的日程表能被批准並宣布；有些家長要求改變他們孩子的課表；七年級的英文老師宣告她懷孕並會在這學期開始請假。李校長看著新的書桌、剛打好的辦公室鑰匙、新漆好的牆壁上的光澤、全新的校長名牌、電話留言的閃燈、電腦螢幕上接收電子郵件的訊號、持續不斷路過人員的言談，以及包含去年學校改善計畫的成堆文件。首次全體教職員會議安排在星期一。學生還沒開始上課，李校長就已經感到精疲力盡了。

　　有那麼一會兒，李校長覺得要被壓垮了。每一個人——家長、教師、祕書、警衛、部門主管、輔導員，甚至於學區長——都想從校長身上得到一些東西。期待他為學校帶來活力，創建一個願景，解決每個人看見的任何問題，同時滿足大家的需要。李校長在想，「這種感覺就像掉進一個大鍋中或叢林裡。我很可能被淹沒或迷失在每天的工作當中——也就是回應所有發生在這裡的事情。教學科技、學生多樣性、上級命令、教師工會、有限的資源、遊說團體、家長的關心——這張校長工作清單可以繼續列下去。我知道我可以處理所有這些校長工作——我以前就做過了。但是我是

和其他夥伴把焦點縮小到教與學方面。」

在地平線小學，學校社群已經是一個必要的活動。李校長記得，「事實上是他們把學校變得那麼特別。我不必單獨做這件事。我們一起決定想要前往的地方，並一起想辦法達到那個目標——一直記錄成長進步的足跡，隨時根據需要來做改變。」當新的挑戰浮現時，學校社群也跟著出現。他們的工作不斷地重複並循環圍繞在實踐問題與行動解決上。然而，這些團隊與他們的活動不是一夜之間發生的。李校長心裡很清楚那是花了很多的努力，跟教師們討論、鼓勵，並設定大家共同的目標。李校長明白只有當人們願意接受改變，教學與學習才能夠進步。「的確，有很多問題擺在那裡，而命令與績效要求使我們的工作更形困難，但我們學到要運用這些外在的力量來達成目的，而不是被他們牽著走。我們談論很多我們的信念，但真正造成不同的是我們採取的行動。也就是，我們確認、我們接受應擔負的責任，我們計畫並採取行動，我們為了前進時常往後看。我們所做的這些，就像文獻所稱的專業學習社群。身為校長，我有權力讓這些社群成為可能。反過來說，他們也讓我的工作成為可能。」

❖ ❖ ❖

李校長的工作雖然不容易，但是有可能完成的。李校長因為和其他人一起合作而成功了，成為一個具備探究意識、行動導向的領導者。這些全都是由於實踐！懷抱著好奇心與效能感，這個校長致力於實踐並運用一種探究行動循環，反覆地以合作的方式來架構並檢視問題的實踐，用行動來對付問題，評估並監督這些行動的效果，然後再重新建構那些原來的問題。這個循環是一個不間斷的實踐系統。這個合作的探究架構結合許多行動要素，除了學校校長個別參與這個循環中的活動之外，還包括各種領域專家的多樣化參與。當新的挑戰、議題和問題浮上檯面時，校長就要將各方資源及專業的參與者含括進來，共同面對這個獨特的議題。我們所謂的

探究與行動導向的校長建立了學校的社群，改變了人們所做的，勝過於他們所說的。

　　大部分學校都會描繪學校願景與使命，也許能、也許不能反映學校裡真正發生的事情，但通常也沒有辦法作為行動的指引。在很多學校中，學校的願景與使命只是無益於實踐的聲明。這種學校願景實際上並不存在，因為學校只採取他們相信會導致學校改善的方案及其他策略。這是一種改進學校的聖誕樹法——也就是說，不斷將新的裝飾品加在學校上。這些多樣及持續添加的改善學校作法，是對外在力量、感受需求、挑戰及問題的反應。但改善結果往往是不連貫及昂貴的大雜燴，對於學校改革方案、實施與教材都經常未加以評估。由於這種改善學校的添加作法缺乏連貫及系統性的計畫與方案，因此時常難以成功。學校也許會談論到反思及反思實踐，但這樣的談論經常是以未達成項目的事後檢討來做結論。當解決方式僅僅是「一種方案」時，對於學校目標與問題探索的更深入思考與了解經常被省略。面對改善學校的挑戰，需要的是思考與行動兩方面。而我們學校改善的循環則將探究與行動結合在一起。

　　這一章要介紹並解釋探究行動循環（inquiry-action cycle）。首先，我們透過描述學校社群的合作將探究舞台布置好。我們也將思考行動對學校的價值。

合作探究行動循環之基本原理

　　使用合作探究行動循環的校長，相對於那些緊抓著上級規定的改革方案，而且很少（或幾乎沒有）經過任何評估的學校領導者有明顯不同。探究導向的校長採取行動，但不急於奔向沒有關聯的及概念模糊的改革方案。取而代之的是，他們將焦點放在自己校內的探究實踐中。他們知道學校內有多種不同的背景脈絡，所以身為學校領導人，他們將學校利害關係

人，從相關脈絡中引導出來，齊聚一堂，致力於循環式的探究歷程。這個合作的探究行動過程將引導學校做出選擇，以回應學校及其社群的獨特情形與需求。如此一來，學校的社群對於學校的工作就變成真正具有義務與責任了。

因為績效責任包含接受個人行動與達成渴望結果的責任（見 Newmann, King, & Rigdon, 1997; O'Day, 2002; Rallis & MacMullen, 2000），真正的績效責任可以透過詢問社群何謂重要的事項，以及希望學校做到什麼來釐清。具備探究意識與行動導向的校長會向內觀察產生教學的學校與教室；他們探究實施的方式、起點行為，以及他們對於學生學習的影響情形。對他們而言，績效責任是不斷前進、不斷重現的行動與評估的循環，這種評估是將表現與結果連結起來的一種回饋。這種將焦點集中於在地的、專業的績效責任，是一種主動出擊的方式——它促進了學校內部的改善；其次，因應外部的績效責任要求也是必需的。因此若要達成改善學生學習的國家目標，首先要從在地的探究與行動開始。

我們將探究定義為：一種為了增進學校教育及社群的正向成效，經過有計畫、有目的，以及系統性蒐集資料、做決策和採取行動的過程，以改善學校教育策略、方案與實踐的方式（見 Weiss, 1998）。探究是人性的自然過程。試想我們要買一部車或電冰箱，也會經歷自己的探究循環。你會問：我的需求是什麼？我的限制是什麼？我的選擇有哪些？對於這些選擇我了解多少？我可以向誰請教？這個循環將學校的自然歷程形式化並系統化。Rallis 與 MacMullen（2000）描繪出構成這個探究循環一系列活動的大致輪廓。根據幾年來進行學校研究與工作所得，整理出這個循環中的特定活動，包括以下項目：

1. 確認問題。
2. 接受問題的績效責任。

3. 表達行動理論。

4. 確認學生學習的問題癥結。

5. 採取行動。

6. 評估成效（基於想要達成的成果小心地進行數據的分析，並根據學校的目的詮釋資料）。

7. 反思並重新啟動循環。

這種以評估問題作為開始和結尾的循環，對於改進實踐是非常重要的。這個循環重複架構並檢驗實踐問題，選擇行動以表述問題、評估這些行動的影響，然後再重新建構初始的實踐問題。這個方法認為學生的成果表現，可以透過圍繞在教學和學習上的合作與探究過程加以改進，而學校領導者則可促進這個過程。這個探究行動歷程包含闡釋該採取什麼樣的行動、為什麼，以及會造成什麼樣的影響──然後從這個知識中學習，並且根據知識行動。這個合作探究行動循環是真實存在的；一個具備探究意識、行動導向的校長會相信、了解、分享，並採取合作探究行動循環，以應用在學校的學習社群，進而提升學生學習表現。

學校社群的實踐

合作探究行動循環根基於卓越領導者相信教學的改善是不能獨自運作的。如同卓越領導被認為是分佈而非階層的；領導是由關係建構起來的，而與職位無關（Firestone, 1996; Halverson, 2003; Spillane, Halverson, & Diamond, 2001, 2004）。領導涉及共同審慎制定決策，「也許最好的定義是一種相互的、動態的歷程，引發組織成員一起建立一種文化，讓他們置身其中有足夠的安全感，敢於清楚表達並追求他們想要的作為。」（Rallis, 1990, p. 186）因此，校長的工作就是去創造這種合作的文化。

要獲得有意義的合作，其中一個架構是學校社群（通常稱為專業學習社群）。這種社群是由專業人士所組成，他們「長期投入共同的事業」（Pallas, 2001, p. 7），或是「針對特定情境下某些困難任務」（Spillane et al., 2004, p. 5）彼此交流。學校社群的成員通力合作，以改善教學為工作的目標。如同這個名詞所意味的，學校社群檢視他們自己的實踐：他們分析相關的資料，以獲得他們計畫和決定的有用訊息；透過對話產生學習，以建立連貫性及改變所需的能力。

「實踐是社群凝聚的根源」（Wenger, 1998, p. 73），而學校社群的凝聚是透過三個基本特性來呈現，也是探究行動循環的關鍵：共同事業、共同參與，以及分享的技術能力。Wenger（1998）將共同事業定義為：社群成員經過協商之後，對於他們將共同達成的目標有一致的定義與了解。我們在探究行動循環中提供了一些步驟以進行協商，在面對問題時，使實踐成為大家共同的事業。

共同參與需要學校社群中的成員彼此互動，才能發展新技能，精練舊技能，並且將理解這個共享事業的新方法具體化（Wenger, 1998, 1999）。對話──也就是，建立在交換意見以產生新意義的談話──對於共同參與是必要的。對話是真正的集體思考根本的互動歷程。它能促進任何單一個人的理解，進而產生新的知識（Senge, 1990）。每個循環階段均仰賴於組成學校的多元聲音進行的對話交流。

最後，學校社群要發展出一種分享的技術能力──也就是說，「成員透過共同的參與，在不同時期所發展出來的共同資源」（Wenger, 1998, p. 4）。而這些分享的技術能力可能是由人造物品、文件、語言、字彙、慣例、科技等等所構成──所有這些都有助於對話式的會談。這些具有凝聚力及有目的性的互動，好比是個固定錨，對團體來說是實踐的基準。本書中所提到的例子，都在不斷地闡示有效能的學校社群中凝聚力的對話。

改變實踐，改變信念

學校社群的產物是行動，也就是一種實踐上的改變。信念上的改變可能從一開始就伴隨著實踐上的改變——即使不是馬上改變，也會在稍後行動。不論學校中的人談論些什麼，重要的是學校的成員有哪些不同的作法。因此，不要先去嘗試改變教職員的信念或想法，而是將合作探究行動循環專注在行為上。因為人類的「認知型態並非是線性的……有些可能得做了才會懂」（Spillane, Reiser, & Reimer, 2002, p. 421）。Fullan（1993）將這種過程稱為「準備，開火，瞄準」（p. 31）。他認為這種另類次序對於了解組織的變化是成效卓著的：準備可以啟發正確方向而不會使過程陷入僵局；「開火是行動及探究，可以培養技能、澄清思緒並且學習」（p.31；楷體字為另外強調）；瞄準可以使新的信念具體化。簡單地說，信念可能是跟隨著行動而來（McLaughlin, 1990; Spillane et al., 2002）。如同 Elmore（2002a）所說的：「只有實踐上的改變才能產生形式與價值上名符其實的改變。或者，說得更露骨些，透過實踐的方式抓住人們，他們的心跟腦也會隨之跟上。」（p. 3）

許多例子證明行動的重要性勝於空言。首先是來自學校校長的訪談，這是我們其中一位作者在一個大都市所進行的一項研究。我們問道：在融合式的教室中，對於障礙學生「最好的作法」為何？有什麼全校性的策略支持這種融合式的班級？一所小學校長以自信而熱情的語氣，說她多麼愛「這些小孩子」，以及學校如何透過「最好且證實過的教學方法」投入「個別的及每個人」的學習活動。然而（即使在深入追問之下），她卻不能提出具體的實踐例證，即教師已學會並預期會運用的教學作法或策略，如同之前她保證教師在教學中會運用的那些作法。教室觀察也顯示教師教學仍維持傳統模式，幾乎沒有反映出兒童早期教育應有的教學技巧。這位

校長說得冠冕堂皇，但卻沒有付諸實踐。

另一個例子則是奧布利爾老師的情況（Cohen, 1990），這位教師相信她的數學教學已有了突破性的大變革，強調理解數學，而非機械式的記憶。然而，在她的教室觀察中發現，她的教學是在一個非常陳舊的架構中混合傳統與創新。雖然她的言語充滿變革，但她的教法卻和從前十分相似。

最後，我們在眾多的研究報告中也觀察到，那些非正式、但是有效能的教師，採取一種驗證過的實踐作法，例如運用數據改進他們的實踐，但是他們卻不能闡釋其基本原理或將其結果表達清楚。這類型的教師的理解是由實踐中而來。上述的所有例子都在說明，專家並不一定了解他們所做的事或為何而做。

就像我們在第一章所提出的，學校面臨各種各樣要求改變的力量。這些產生長期影響的改變，必須要學校領導者、教師、家長、學生、社群成員，以及其他人員有不一樣的行為表現。例如，談論身心障礙學生回歸主流的好處並不能改變學校的作法，一直到立法通過之後，才真正能將這些孩子帶進普通班級的教室當中。同樣地，談論教育公平與機會均等的政策並不能消滅能力分班，然而，高風險測驗（high-stakes testing）的強制實施，卻能在許多學區改變能力分班的作法。最後，大部分教師都相信他們的工作是去教導所有的孩子。因此，藉由教學或組織的變革行動，可以驅動信念的改變。一個學校社群，若非以探究為實踐基礎，可能僅提供表面上的信念系統，而不能對實踐作法與學生成就產生影響。學校社群一定要在探究行動循環中運作才行。

探究行動循環

持續改進的學校社群在不斷運作過程中，規律且自然地對他們的實踐

作法，進行清楚、共同與公開的仔細檢查。學校的文化要有意願去支持探究實踐作法，並從錯誤中學習——要有意願去打開及探究「理想和現實間的鴻溝」（Wiggins, 1996, p. 6）。這個過程一方面要確認理想與渴望的結果；一方面還要透過蒐集及檢驗數據以持續揭開現實狀況。

　　以下描述的活動，將這些統統結合在一起，構成一個集體的探究行動循環。雖然每一個活動對於持續改進都是不可或缺的，但它們的次序並非線性的，也不一定是一個接一個的。事實上，這個過程的每一個活動都埋藏著探究。雖然小心翼翼地推行，但過程中也必然是屢敗屢戰——也就是說，它是允許嘗試與錯誤的——並且也鼓勵發現個別的解決方案。對照多層次歷程（或稱為聖誕樹法）在改進學生的學習方面，探究行動循環鼓勵去除那些無用的、裝飾的以及補強的實踐作法。

確認問題

　　確切言之，探究行動循環的著重點在哪裡？每一所學校面臨的問題，有些會影響到許多面向，有些則只影響到幾個，有些似乎是相當瑣細，有些則涉及過程和架構，而其他的對於結果則很重要。然而，這個循環將可能的問題範圍縮小到學生學習的議題上。因為如果不這樣聚焦，學校可能會被拉向四面八方，什麼事都做不了。針對學生學習方面的問題，排定優先順序並做確認，可以讓學校對於核心任務——教學與學習——在實踐上的問題予以整理組織。學校社群會問這些問題：

- 根據經驗、關注焦點、資料或外部力量，什麼關鍵問題需要我們的注意？
- 在學生的成就方面，我們面對什麼樣的難解困擾或困境？
- 我們是否對於某特殊事件感到特別困擾或開心？
- 我們在哪方面做得很好？我們如何得知？

• 我們在哪方面做得不好？我們如何得知？

　　首先，具備探究意識與行動導向的校長會仔細看看問題的來源：是誰將可能的問題拉上檯面？是誰確認它是個關注點？是誰決定它是個真正的問題？從稍微不同的角度來看，問題的根源是什麼？涉及哪些人或哪些團體？辨識問題及排定優先順序是很重要的，同樣重要的是，確認每個問題的指標與來源，這些也許是（或也許不是）同一個人或群體。在接下來的圖表當中，我們將具體指出這八個可能的問題指標或來源。問題或關注議題可能來自這些來源中的任何一個：

• **家長**：為什麼我的小孩沒有被賦予適當的挑戰？他是如此有天分！
• **教師**：我們想要開發腦力為基礎的新課程，但是這並不在課程清單當中。
• **社區**：我們再也不支持雙語教學方案，因為它造成非英語系者擁有特權的現象。
• **學校董事會**：我們有推動品德教育嗎？我們有適當的反霸凌策略嗎？
• **學區辦公室與學區長**：我已經訓練教師使用不同的教學法。教師有運用嗎？
• **州及聯邦政府**：為什麼有好幾個不同背景的學生每年都無法達到適當的進步？智能障礙學生是否比其他普通學生具有更多的學習時間？
• **校長**：教師應該使用評量結果來改進他們的教學實踐，這樣才能充分滿足多樣化學生的需求。

　　問題也許還來自其他群體，但是這些群體是有關學生學習問題的主要來源。

　　如何選擇探究目標及採取什麼行動？試圖處理所有問題的學校，最終將什麼都解決不了，而回到一個複雜、堆疊的狀態。當學校社群齊聚一堂選擇要採取行動的問題時，此循環階段就變得十分需要協同合作了。當社群有一個共同事業時，學校校長在劃定範圍及擇定問題的優先次序方面，仍然扮演著重要的角色。

　　校長可以將目標定在學習上，而不只是教學或設備或組織。例如，校外的支援團體常將特定的課程或關注方案搬上檯面，卻沒有從學生學習的觀點加以了解。校長可以問問，新的方案對於學生的學習會產生何種差異——包括歷程（他們如何學習）與成效方面（他們學到什麼）。校外支援團體所提出的問題往往跟教師做了什麼有關，而不是學生學了什麼。校長將焦點集中在學習上，將會產生如下的引導性問題，有助於辨識並選取問題或實踐作法：

- 這個問題或議題影響我們學校學生的重要性如何？它涉及所有的學生或者是特定的團體？
- 這個問題或議題，對於學生的成功，包括情意與認知學習的重要性如何？
- 關於這個問題或議題，學校與校外支援團體可能讓學生的學習有所不同的可行性如何？

　　越專注在這些學生學習問題上，做出的回應越能聚焦於目標。也就是說，一般的問題通常只辨識問題的表面和獲得制式的解答。然而，確認問題不應該只跟結果有關。問題的選擇也跟誰需要、需要什麼、為什麼需要，以及跟預期的目標有關。也就是說，決定是受到一種社會道德規範的指引，以尋求資源及利益的公平分配。由於現在的學校學生群體相當多元，教育支援團體的勢力分配情形也很不同，教育者面臨到必須回應校外支援團體對於推動特定群體利益的挑戰。選擇正義，或是尋求公平，確認問題捕獲了那些關注不足或被忽視的社群成員的聲音。雖然確認的問題能專注在特定的群體上，但並非所有的問題都可以被聚焦在擇定的相同群體。

　　最後，確認的問題不應該只跟學生的認知學習有關。學校的目標也包括培養一個孩子成為擁有批判思考的全人──情緒穩定和身體健康，能夠參與自己的環境並有所貢獻。培養全人的孩子意指學生將能夠做出正確的道德選擇，對於民主社會和生產經濟有更多的貢獻。

　　根據學習、公平，以及發展出全人孩子參與整個社群的這些原則，來辨識確認問題，可以讓所有人對他們的選擇負起責任，並且增進對問題的接受度。

接受問題

　　一旦問題清楚了，相關的學校社群就要開始工作了。在探究行動循環的這個階段進行相關的對談，其目的是認可接受這個問題。也就是說，參與者接受責任，採取行動改善實踐，並且在行動中反思。對話是由一系列的問題開始的：

- 這個問題真的存在嗎？
- 這個問題有多重要以及對誰重要？這是誰的問題？
- 我們同意這個問題是值得考慮的嗎？
- 我們都同意這個問題的定義嗎？
- 關於提出的這個問題，我們已經知道些什麼？
- 我們有什麼資料或證據確定這是個問題？
- 我們之前是否已經嘗試處理這個問題？
- 其他地方也有這些問題嗎？
- 有關這個議題，我們對於學生抱持著什麼樣的學習期望？
- 哪些學生被這個問題影響？他們需要什麼？
- 我們期許學生學習什麼？我們的老師做什麼？
- 我們是否接受達成這些結果的責任？

　　接受問題要透過對話來進行，這種對話是察覺問題根本的原因、考量情境脈絡、學校社群中眾多成員的角色與責任，以及預期的適當目標（見下頁圖）。探究問題的根本原因，必須做較深層的對話，超越表面或明顯可見的解釋。舉例來說，如果三年級學生數學學不好，我們必須先查明他們為何學不好數學——在我們實施新課程或其他臨時的解決方式（Band-Aid solution）之前。我們需要詢問一些問題：

- 這些三年級教師是否有資格而且能夠去教三年級的數學？
- 這些教師真的在教這個課程嗎？
- 學生準備好學這個課程了嗎？
- 我們是否已經診斷過每個學生的特殊需求（例如：孩子也許知道如何算數學，但是他的閱讀或語文能力不佳）？
- 教師是否有適當的教材去教這個課程？
- 教師能否使用不同的教法去教授給各種各樣的學生？

　　問題的清單可以不斷地加長。詢問這些問題可以揭開問題的根本原因，而為可能的行動帶來方向。

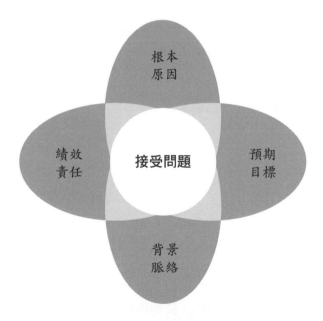

　　這個對話也在探索，當地背景脈絡中大家期待的美好結果。如同之前的討論，交談被聚焦在社群所關心之處。每個學校社群的運作都有一套獨特的情境與需求。舉例來說，一所學校可以將學校周遭的資源列出來，看

看有什麼是可以獲得的，以及哪些學校內的特別需求未獲得滿足。是否有協助移民勞工孩童的特殊社區組織？是否有特殊的社區健康組織願意配合學校？如果這些資源存在，我們將如何使用它們？如果沒有，我們可以做些什麼去支援這些已經辨明的需求？背景脈絡也很重要。舉例來說，Leithwood 與 Riehl（2003）發現，不同環境中的成功領導者，都關注學校氣氛與文化的建立，同時適度地調整教師的教與學。

最後，這個社群的人負起改變的責任。這通常是從那些願意合作並且有能力承擔任務的人開始。然而，校長需要去引發能量，有時，也要去激發同仁的意願。認清問題根本的原因、問題的關聯，以及當地脈絡背景中可能的結果，將能導引大家接受問題的責任。這種對話也有助於提供行動的方向。

行動理論

具有目標的變革是從預期的結果和期望之陳述開始：我們的目的是什麼？我們的目標是什麼？弄清楚我們想要去哪裡，很自然地就會接著思考我們為何還沒有到達那裡；透過這種方式，我們重溫了我們的實踐問題。最後，為了到達目的我們會提出行動方案。這樣的對話產生了一個行動理論，一個非正式的或不言可喻（如果有的話）的論點。舉例來說，如果我們要一年級的學生能夠到達那個年級的閱讀程度，他們需要解碼的技巧和音素覺知（phonemic awareness）。問題在於我們普通教育的老師並沒有系統化地教導這些技巧。事實上，有些老師甚至沒有知識或專門的技術去教導這些特殊的閱讀技巧。這種說法又導致其他潛藏的行動理論論述，比方說，如果我們的學生必須使用解碼技巧和音素覺知，那麼老師就必須接受這些領域的訓練並使用適當的策略。

因此，這個行動理論同時說明了想要的結果以及建議的行動方案，行動方案的目標在於達成宣稱的結果。簡單地說，它說明了學校社群打算做

哪些事以到達要去的地方。這個行動理論是特殊的並且是聚焦的；同時代表方法與結果。想要的結果或最終的目標，在運用達成這些結果的特殊方法之前，要先取得共識。話雖如此，這個行動理論不能過度簡單化或一般化。如同 March 與 Simon（1958）所提醒的，「一個合理的行動理論需要簡化的模式，捕捉到問題的特徵，而非將所有錯綜複雜的情況都含括進來」（p. 169）。更確切的說，這個行動理論提出一個獨特的結果目標，與確認的問題有關，一般認為問題來自於為了達到預期目標所提出的特定行動。

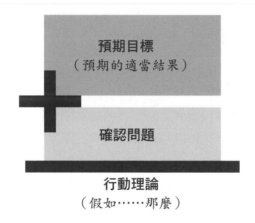

這個簡單的非正式論述，可讓對話緊緊圍繞在槓桿施力點上——也就是說，這個系統的關鍵要素在於人們同意努力去了解大規模的系統性改進。關鍵的槓桿點包括資源、知識技能與專門技術、績效承諾、評量、課程、能力建構、專業發展，以及結構。在上述行動理論的例子中，槓桿點集中於建構教師評量的能力，以及教授解碼技巧與音素覺知（例如：專業成長的需求、診斷評量的使用）。槓桿施力點就是導引行動的地方。

行動理論是談論解決方案的正確起點。絕非將學校社群限制在他們已經知道的或過去已經做過的部分，行動理論可以是自由解放的，允許多樣化的詮釋理解和創意解決方案。同時，行動理論提供了一張具體的行動地圖。

採取行動

下一步要將行動理論推向實踐——要開始行動了！在探究的階段，教師的信念與行為交織在一起，然後一個接一個，改變他們的信念。當老師採取行動，相信那些行動將導致預期的結果時，行動理論就變成實際運用的理論。接著當老師觀察他們行動的結果時，他們會發現有其他的選擇並開始去修正這些行動。他們開始問：我們是否正在學習最佳的作法？我們正在這樣做嗎？學生對於我們正在做的事反應如何？

採取行動是個互動、不斷發現與實行相互影響的歷程。行動的搜尋過程，如同 James March（1999a）所指出的，涉及探究和開發。也就是說，與此相關的組織及個人必須平衡探究的需求（發現、新奇、創新、變化、承擔風險和實驗）與開發利用的需求（精緻、程序化、生產製造、實施、效率和可靠）（March, 1999a）。觀念的流動開放以及清楚的行動需求並不容易做到；就像 March（1999b）所說的：「平衡是個好字眼，但卻是個殘酷的概念」（p. 5）。這「必須發展出一種結合關係，要夠寬鬆以允許群體去發展他們自己的知識，但也要夠嚴謹以促使知識順著歷程脈絡來發展（Brown & Duguid, 2000, p. 115）。不過，兩者的平衡至關重要，組織要夠嚴謹地產生清楚的目標，而這目標將進而影響結果。當達成平衡時，組織成員就會採取行動（Spillane, 1999）。

這個探究追尋歷程，允許組織中的成員發展意義，並對實行歷程有更深的承諾（Rowan, 1990）。這樣的實行環境「運用嘗試新的行為和觀察來接收資訊。他們進行實驗、測試和激勵，而忽略先前的經驗、規則和傳統的期望」（Daft & Weick, 1984, p. 288）。實行強調個體實踐的重要性，並透過感謝所做的努力，來引發滿足感。這個發現模式在於組織運用精心規劃過的探究方式去獲得原先渴望的成果（Daft & Weick, 1984）。如此一來，發現與實行便導致了行動。

採取行動並非用不著探究。以 Donald Schon（1983）的術語來形容，教師們是反省實踐者。他們在實行中發現，而他們的發現又不斷地告知他們的實行（見上圖）。這個發現的過程建構所謂的教師能動性（teacher agency）——也就是說，個人對於情境意義的賦予是與信念相結合的，這種信念應該並可以影響行動和結果。在採取行動的階段，這位具備探究意識與行動導向的校長，是支持教師的力量來源之一。這個角色包含以下項目：確認教師知道何謂最好的實踐作法、確認教師知道如何在班級中運用、培育一個能夠承擔風險的環境，如同 David Cohen（1988）所稱的「冒險教學」（adventurous teaching），校長可以提供需要的資源來促成這件事情的發生。

評估成效

評估成效是「系統性地對於方案運作及／或成果的評量，是與一套清楚的或不言自明的標準比較之下，一種有助於改善該方案或服務的方式」（Weiss, 1998, p. 4）。具有目的性和以應用為主的評估（見 Patton, 1990）需要系統性地蒐集有關於這個方案歷程、產物、特色、影響與／或結果的資料，以決定方案、教學活動、教材或事件的價值。可以尋找何種證據來回答有關真實度（fidelity）、影響和學生表現的問題呢？

- 它可行嗎？
- 我們真正在做什麼？
- 我們真正在尋找什麼？
- 我們所做的與我們想要的有關嗎？
- 關於學生正在學習的，我們想知道些什麼？而對學生的學習、學生本身以及老師的學習有何影響？
- 學生還發生了哪些事呢？

　　在我們之前的例子中，老師的培訓是行動的第一步；接著，學校社群想要問培訓的問題：它的**真實度**（這個培訓是否教導解碼和音素覺知的技巧？老師們參加了嗎？）以及它的**影響**（他們是否真的在他們的實踐作法中運用這個培訓？他們是否正運用他們已學會的，還是又回到原來的實踐作法？）。為了回答這些問題，學校社群會確認並檢查哪些是應該要做的？哪些已經做好了？然後再調查其影響。例如，它可以回顧這個課程、這個訓練及其傳送方式的多方來源。對於**學生表現**方面，學校社群可能想要看學生的學業分數，他們也有可能想要看看實際的技術作品。這些作品，如同我們剛剛所描述的，是人物、地方、事件、紀錄或教材，這些都是投入行動（或沒有投入）所產生或改變的表現形式或代表物。這種評估的過程需要用心觀察，以判斷這些成果在整個實踐中的意義。在我們的例子中，培訓教師的音素覺知教學技巧，可以提升學生的學習表現，用這種方式來影響實踐。

　　評估成效的階段也展現了在地的民主──對於多元觀點的尊重與聆聽是必要的。為了取得有用的及可信的資料來評估教學改進過程，對話跨越學校與社區之間，讓學校教職員以外更廣大的社區成員也參與進來。具備探究意識與行動導向的校長會鼓勵並協助一種公開的──而且是值得尊敬的──對話，讓多種聲音有一個合法的管道可以針對學校的方案與教學做

出評論與批判。

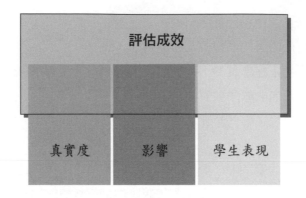

最終，學校社群接受了評估必須包含這些不可或缺的要素：

- 它是一個持續性的探究歷程。
- 做決定是有必要的。
- 它的目的是改善學生、教師及社區的生活與工作情形。
- 它是參與式的，必須包含所有成員觀點進行分析與詮釋。
- 它能產生可用以改善實踐作法的資料。
- 它是一個持續並重複的循環。

總而言之，評估成效是組織學習和變革的一種工具。

雙環學習

評估歷程不會在一次評估判斷後終止。相反地,任何的評估將帶往更進一步的行動。所有的學校成員(校長、教師、參與的家長和社區人士)都明白,任何的行動理論只是反映他們對於原因與效果的最佳猜測(雖然是根據資料的猜測)。持續反思對於改進教學是很關鍵的:行動的影響與效果的證據是可被接受的且資訊充足嗎?我們對於這些學生表現結果滿意嗎?如果是,我們想要強化什麼部分?如果不是,我們想要改變什麼?為什麼?

因此,反思不僅是思考某件事而已:它需要實驗、觀察與批判。學習在於具體經驗的互動、對那個經驗的批判以及修正行動。最佳的狀況是,這些省思可以讓人脫離現狀,回頭去看實踐問題的原始定義,探究行動架構的有效性。這個後設反思可以導致新的思考方式。當學校社群能夠將問題再概念化——改變引發原始行動理論所強調的假設與價值時,就能因此產生新的方式來解決這個問題——雙環學習就發生了(見 Argyris & Schon, 1974)。只有當人們投入這個歷程時,他們才能了解什麼要增加及什麼要剔除的重要性。這個歷程再重新開始時,參與者並非做同一件事。因為他們已經學會了改變他們的假設,並且可以選擇改變他們的行為。

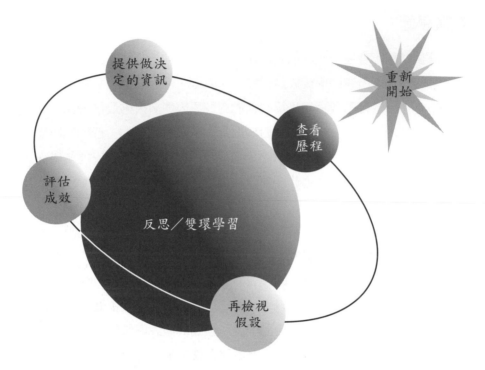

　　有一所中學對於牆壁塗鴉以及亂丟垃圾這個長期問題的解決方式，提供我們雙環學習的好例子。這個校長採取守衛小組隨時警戒的方式來維護整潔，認為亂丟垃圾與塗鴉的情形會因此消失或至少減少。但問題仍舊持續著。接下來，校長決定如果策略性地放置更多的垃圾桶，人們可能就會少亂丟垃圾。但情況仍未有改善。然後，校長便限制在上課時間內前往建築物牆壁區域的通道，並與一家保全公司訂約，以負責放學後的監督工作。他甚至想到需要築一道圍牆——結果塗鴉還是沒有減少。「問題在於我們就是無法阻止亂丟垃圾與亂塗鴉。」事實上，這個問題的嚴重性正影響到預算的分配，因為額外守衛與監督的花費增加了。但校長仍不想放棄。校長想，或許他們一直都搞錯問題了。所以他召集一些學生、家長，以及學校的鄰居，請他們來研究這個問題。這個會議的結論顯示學生的確

就是犯罪者——他們推測原因是，關於亂丟垃圾，「那就是我們需要守衛隊的理由」，而且「一些塗鴉又不會傷害任何人」。所以，一個新的行動理論在群體中出現了：假設學生被賦予保持學校整潔的責任，他們就不會亂丟垃圾或在牆面亂塗鴉。在所有人都同意之下，學校嘗試利用班級打掃清潔隊，並指定位於遊樂場旁邊的牆面為塗鴉牆。幾乎在一夜之間，亂丟垃圾的情形消失了，而塗鴉（有些相當具有藝術性）也受到控制了，大部分都移到指定的牆面。這些違規行為變成由學生來自我監督。

本章總結

　　在本章中，我們首先描述學校社群。接著描繪探究行動的概要，它可以應用在教育場域中作為一個真實改變的架構。再加入專業學校社群及探究行動循環這兩個要素，我們提供了探究行動循環（見下頁圖）。構成探究行動循環的活動是複雜的、非線性的、內在的，並且是行為與思想的轉型互動。投入這個循環將創造出一個對話與行動的學校，並且會持續不斷地修正它的行動。沒有什麼是保持靜止的。學校社群相信組織學習，社群成員接受一種改變的文化，相信「在我們的學校中做事情的方法就是改變，但我們不會為了要改變而改變」。改變並非隨意的或突如其來的；它是有目的並且是有計畫的——同時要經常加以評估。與組織學習融合的改變是有連貫性的，必須有意願，還要建立能力。採取探究行動循環模式的學校必須在校園內部專業績效與外部績效之間取得平衡。

　　此外，因為校長無法單獨改善教學，校長必須透過合作探究行動循環，將組織學習與學校改進做整合。下一章我們將以有背景脈絡的實例，即李校長跟馬歇爾中學學校社群共同在課程、評量與教學方面的努力情形，來具體呈現這個循環的運作方式。

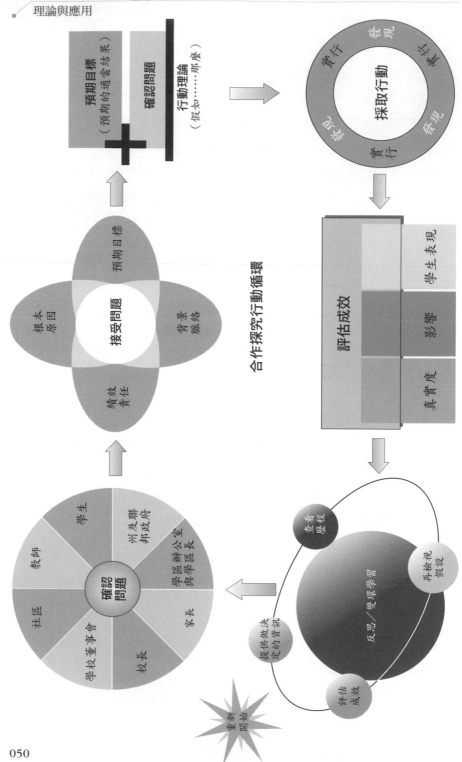

合作探究行動循環

> **▶▶ 反思與討論**
>
> 1. 你的學校是否有運用合作探究行動循環的任何一部分？
>   - 如果有的話，你能提供此循環中特定步驟的實例嗎？
>   - 誰參與其中？哪些聲音可能被忽略了？
>   - 在你運用的任何步驟中，有哪些證據顯示它是有用的？
> 2. 如果你不能在你的學校中辨識出這些步驟，或者如果沒有這些步驟，你覺得原因是什麼？
>   - 你要如何運用這個循環模式來說明這些原因？

II
PART

合作探究行動循環

The Collaborative
Inquiry-Action Cycle in Action

我們在教什麼？
課程調整的實例

在馬歇爾中學，接受校長領導一直是比較容易的部分。現在李校長已經準備好要將大家團結起來，促成某件事情發生。但要從哪裡開始呢？學生學習方面的任何改進都必須從教室裡開始。但從教室裡的哪個部分呢？也許從教師著手，或者從學生開始？從課程開始如何？資源呢？課表呢？提供何種課程？學生會支持嗎？

許許多多令人頭暈目眩的可能性，讓李校長逐漸產生一連串具有邏輯性的問題：

1. 在馬歇爾中學，我們應該教學生什麼？
2. 我們教授給學生的，是我們應該教授學生的嗎？
3. 我們是否有效地教授我們應該傳授給學生的知識？
4. 我們如何知道什麼是有效的？
5. 我們如何知道我們的努力奏效？
6. 當我們得到以上問題的答案時，我們該做些什麼？

當李校長仔細瀏覽辦公室白板上寫下的問題，某些主題浮現了。他注意到前兩個問題的焦點在馬歇爾中學是否具有一套明確又標準化的課程，

可供老師依循。李校長也了解問題 3 及問題 4 是關於教師所需要的培訓和
資源，以便教師從事有效的教學策略。問題 5 引發有關評量的議題。特別
是學生成就的評量方法是什麼？問題 6 則抓住李校長的信念，亦即在沒有
深入探索教師教些什麼、教師如何教學，以及學生是否正在學習的情況
下，就貿然行動將造成災難。所以，既然不知道從何處開始，李校長乾脆
就從頭開始──從期望的課程與實際教授的課程開始。也就是說，李校長
的首要任務是了解教師的教學內容應該是什麼，以及監督教師是否真正地
落實教學內容。李校長認為：「教師們也許會抗拒在教學實踐上的指引，
但仍然會有興趣去了解我們說什麼、做什麼、為什麼，以及我們是否真的
這樣做！」

❖   ❖   ❖

探究行動循環步驟一：確認問題

　　李校長深深明白，要改善馬歇爾中學學生的學習，課程是重要且必要的第一步。畢竟，課程是教學的基礎。州與地方教育部門制定課程的基準和標準，以建立各學科的教學內容。推動整套的課程標準，甚至內容時數的劃定（亦即必修課程），可以追溯至 1960 年代初期。有兩件大事引發了課程標準化的發展：俄國第一顆人造衛星（Sputnik，太空競賽）與公民權利運動。第一個事件質疑美國在太空競賽中是否做好了準備，而另一個事件則在處理平等的議題。在這兩個狀況中，學校被社會視為困境之中令人精神振奮的精力湯。那個年代特別要求學校重視數學和科學的教學內容，並要求美國所有的學校必須推動這些新的要求。所有的這種教育改革發生得非常快速；到了 1960 年代末期，學生的融合與特定課程的要求都完全被落實執行了。

　　1983 年，《國家在危機中》（*A Nation at Risk*）的報告書裡，警告美國的教育系統「正由於平庸人才的增加而削弱了國家的競爭力」（p. 5）。在此基礎下，標準分數導向的成果（standards-based outcomes, SBO）改革於 1990 年代取得優勢。不同於先前的課程改革，SBO 著重在達成特定的課程標準，而不是只完成必修的課程就好。因此，課程教授的內容變成焦點，而且這種改革要求技能與認知上的精熟。具體言之，SBO 與傳統的教學單元、班級和依年齡晉級不同，轉向非線性的精熟學習。SBO 的目標是讓每位學生精熟一致的課程標準。然而，在二十世紀結束時，SBO 又成為一個在教育口號的墓地中迷失的詞語。

　　儘管如此，課程標準仍然持續驅動很多的教育改革。近年來重視高效益的績效責任制度，就要求以測驗來評量學生的知識。這樣的評量需要建立一整套內容以作為測試之用。雖然目前使用評量而不是使用標準（standard）這個語詞，但標準仍然是評量中所不可或缺的部分。教育部門將課程標準書面化是為了進一步建構學生的學習目標。正如柏拉圖當年可能並無依蘇格拉底的教學目標，來規劃特定的課程教學計畫，但他在對群眾講

授前，一定已經深思熟慮他所要強調的內容。

　　李校長在教育界已經有好幾十年了，經歷過來來去去的教改，他深知每個人在相同的課程基準下展現自我潛能的重要性。李校長必須找出這樣的課程是否真的存在——或者缺乏這樣的課程是否會成為學校的問題。李校長視接踵而至的發現過程，可帶來學校社群的共識。李校長透過偶然遇見、聽見及閱讀各種民眾的意見，得知大家對課程和標準的觀點：

- **社區**：關於社區和他們對課程的興趣方面，李校長發現一項出乎意料之外的現象。具體言之，社區裡少數族群組織的成員最為關心學區課程標準的制定工作。而大部分卓越學生的家長，在課程方面，只關心他們的孩子是否能接受挑戰。然而，一些社區組織關注課程標準並未具備多元文化觀點，甚或導致將學生分類的不公平情況，據說（李校長也發現支持的資料）對於少數族群的學生在補救與特殊教育課程方面，長久以來一直不甚確實。這些組織成員並不反對課程標準，但他們提出：「這些是誰的標準，而且是否考慮到少數族群的學生？」

- **州及聯邦政府**：如同李校長所觀察到的，聯邦制度在美國蓬勃發展，創建者建立了一個能保障州權利的政府。雖然教育改革時常謀求國家層級的改革，但各州也堅守他們詮釋並制定地方層級改革的權利。2002 年的《中小學教育法案》（Elementary and Secondary Education Act, ESEA）、《不讓孩子落後法案》（NCLB），就是近期國家層級教育改革的努力。大致而言，教育改革已經成功。最初的呼聲是發展國定課程和使用全國教育進步評量（National Assessment of Educational Progress, NAEP），以作為全國性學習的評量。然而，各州抵制此項政策，因此 NCLB 允許各州發展屬於自己的課程標準和測量方式。在馬歇爾中學所在的州，英語、數學與科學三

科的標準已經建立起來，並各自依照年級建立其標準。

- **學校董事會**：馬歇爾學區的董事會持續在三方面推動教育改革：(1)遵守州課程標準；(2)創造社會學科的課程架構，即使州已致力創造一套社會學科標準；(3)發展一套六年級至十二年級的補救和進階課程。

- **學區辦公室與學區長**：為了回應學校董事會，這個學區擬出一份文件，稱為「教學進度指引」（Pacing Guides）。這些文件強調特定的州級標準，依層級、依內容分級教學。學區也設立了一個社會課程委員會，為了建構學區課程標準已經奮鬥三年以上。最後，馬歇爾的學區長法藍要求地方中學增加進階分級課程，增加七年級代數、七年級到十年級英語和數學的補救課程的上課人數。

- **校長**：學區校長們被期許執行地方的要求。然而李校長認為校長們對於變革做得並不多。舉例來說，儘管校長們設計教學進度指引，但教學進度指引並沒有被校長用作評量教師的一部分。除此之外，新補救課程的創設與增加進階課程，導致教室裡學生階級的不平等現象。校長們無法監督自己學校裡的多樣性課程。

- **家長**：有兩種類型的家長最常見，一種是為子女尋求援助的家長；另一種是為子女尋求嚴謹教學或安排進階課程的家長。在過去，李校長很少聽見家長抱怨教師的課程教學，倒是有很多關於教學風格的抱怨。然而，當課程標準被評量之後，越來越多的家長對於老師在教些什麼，以及他們如何教學，變得精明起來。

- **教師**：教師們指出，當測驗的時間增加了，預定課程的廣度也同時擴展。也就是說，每增設一個課程基準或標準，並沒有相對的刪除部分課程基準或標準。教師抱怨列在學區教學進度指引裡的一大堆標準，此外，教授藝術和體育的老師對於學生被調課進行英語和數學補救教學感到困擾。數學和英語「雙重學習障礙」的學生失去了

探索學習的教學機會。李校長對於許多教師的要求感到震驚，他們
要求分配到不需接受州測驗的年級任教。其中一個例子是：一個七
年級的數學老師感到非常不舒服，因為他的學生在州數學測驗的表
現欠佳，經當地報紙報導之後引起騷動。最後，一位教師工會代表
警告說，如果教師的學術自由被侵犯（例如教些什麼和什麼時候
教），將提出申訴。

- **學生**：對於有限的課程選擇權，學生顯示出沮喪的情緒。特別是許
多學生不能再選修他們最喜愛的課程，像是藝術或是體育課程。一
些學生也描述他們的課程越來越同質性，他們抱怨老是和同一組的
同學穿梭在教室之間。

李校長慢慢了解到在馬歇爾中學，課程確實是一個「實踐的問題」。

李校長檢視馬歇爾的學區課程，以六到八年級數學和英語的教學進度
指引為例來探討這個議題——發現有太多的問題需要討論，但時間太少。
李校長與馬歇爾的教師社群一起探討，他要求老師們檢視這些指引以及他
們自己的作法：

- 你教了這個嗎？如果沒有，為什麼不教呢？
- 你何時教這個呢？
- 你教的哪些課程是沒有列在教學進度指引裡的？

表 3.1 是摘錄自馬歇爾中學八年級的數學教學進度指引，而表 3.2 是學
校數學老師所對應完成的評量指標。

這樣的過程很有幫助。李校長看了一眼教學進度指引，就明白進度指
引對老師的要求太多了。李校長認為範圍廣泛的課程標準，將帶來廣而不
精的實踐。所完成的課堂評量指標及隨後的分析顯示，並不是所有的教師

表 3.1　馬歇爾中學八年級數學教學進度指引

	單元和州級課程標準	教師所教授和評量的數學技能	字彙	過程技能
最初九週	變數的基本運算	數學觀念和運算 1. 變數和指數的運算 2. 使用正確的運算規則計算實數與代數式	總和，差，積，運算規則，整數，分數，加，減，乘，除，商，變項，代數式，次方，指數，基數，數學符號，方程式，解法，不等式，實數，條形圖，數線，原點，圖表，視覺模型，序列，相反，速率，絕對值，矩陣，加法及乘法交換律，加法及乘法結合律，加法及乘法單位元素，係數，同類項，倒數，利率，比率，線性方程式	溝通 ● 清楚地向教師和同伴溝通數學思維 推理 ● 了解並運用數學的論點和證據
	實數的基本運算	數字和代數運算及分析思考 1. 解方程式和不等式 2. 在生活情境建立代數模式		連接 ● 在其他情境脈絡下能夠連結數學概念 表述 ● 判斷、應用和轉換數學中的表述以解決問題
	線性方程組	資料分析和統計 1. 解釋圖表 2. 依據提供的各種資料製作圖表		解決問題 ● 在其他的情境脈絡下解決數學問題

表 3.2　數學教學進度指引評量指標

	數學技能之教學和評估	你教了這些嗎？如果沒有，為什麼不教呢？	你何時教這些呢？	列出你所教的，而在教學進度指引裡沒有的技能	說明任何相關技能之主要項目
數學觀念和運算	• 變數和指數的運算 • 使用正確的運算規則計算實數與代數式				
數字和代數運算及分析思考	• 解方程式和不等式 • 在生活情境建立代數模型				
資料分析和統計	• 解釋圖表 • 依據提供的各種資料製作圖表				

都教了所有的技能；許多老師教授的內容或其他技能並沒有跟課程標準相連結，也沒有在教學中以某種形式出現。

最後，學校社群發現了許多問題：

1. 在九個星期的時間裡，要求老師教授和期待學生掌握的課程內容太多。

2. 緊迫的課程內容不容許有多餘的時間來進行補救教學、進階的學習，或是精熟學習。

3. 沒有人監督教師對於教學進度指引的依循程度。

4. 許多老師繼續教授他們「喜歡的」或是「總是這麼做的」課程內容或是方案，完全不理會學生應學會的知識技能和標準。

5. 未提供教師充足的時間來連貫年級範圍內的課程、銜接年級間的落差，或進行教師專業對話。

李校長憂心這一連串的問題，輕微的情況只是誤導教學，而最糟的情況將造成學生的學習障礙。李校長與學校裡的英語教師們重複進行專業對話。

最後，李校長和老師們發現實踐的問題是：馬歇爾中學的數學和英語的預期課程與實際授課的課程並不相符。馬歇爾中學下一個重要步驟是讓教師們接受這個問題是真實存在的。

探究行動循環步驟二：接受問題

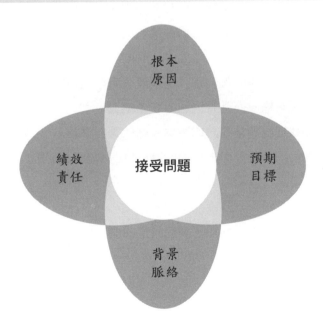

確認的問題要被接受並不容易。課堂評量指標對於馬歇爾中學實際上
在教什麼提供許多的細節。在接受問題的探究階段，涉及教師對於問題的
根本原因、背景脈絡、預期的適當目標與績效責任的了解。李校長對這所
中學的數學和英語（ELA）教師提出資料分析。他不用說太多——資料會
說話。一開始，教師們的防禦心很重。即使資料報告不具名，許多教師卻
馬上提出他們沒有教授某些課程內容的辯詞。李校長允許這種情形持續一
段時間，然後藉由對話揭露許多問題，超越了未按照現行教學進度指引教
學的單一問題。現在，教師間的專業對話變成一種後設分析，分析教材、
分析州級測驗中所量測的州定標準、分析各年級採用相同的課程標準卻無
法產生效能的情形，以及某些學生完全未被教導這些課程標準的情況。

以評量資料為基礎的對話，讓馬歇爾中學在課堂中真正發生了什麼事
情開了一扇窗。這個對話也讓數學和英語教師發展出對學生預期目標的一
致性看法。李校長開始聽見教師們理性地對談：

- 「假如我們能夠一起合作，重新建立教學進度指引，那麼我們將擁
  有教學所有權，而且我們也會想要遵循它們。」
- 「假如我把我非常成功的數學分數教案分享給六年級的教師，並且
  教導他們如何將此融入他們的課程中，那麼我明年就不必再教一次
  分數。」

很快地，教師們的談話似乎朝向合作探究行動的下一階段移動——行
動理論的建構。李校長確證教師們已經真正地接受問題。

探究行動循環步驟三：行動理論

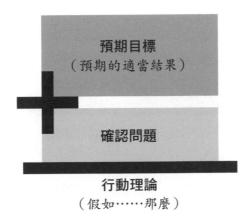

行動理論必須是具體的，而且是聚焦的。也就是說，預期的目標與最終的結果是一致的。行動理論應具有明確的結果目標，在達成結果的努力過程中，這樣的明確性將槓桿點與行動結合起來。在這個合作探究行動循環中，行動理論與槓桿點是被清楚界定的。

李校長與數學和英語教師重新檢視問題，並產生一個明確目標：改善全體學生在英語和數學方面的學習。行動理論便從預期目標與確認的問題當中浮現出來。

預期目標	改善全體學生在英語和數學方面的學習。
確認問題	馬歇爾中學數學和英語的實授課程並未符合預定課程標準。
行動理論	**假如**馬歇爾中學的英語和數學教師能依據州的課程標準，共同創造出數學和英語科有用且有效的教學進度指引，並且**假如**教師能盡責地遵循指引，**那麼**教師將能夠更有效率地和同事一起工作，教師將遵守州的課程標準，學生將不必學多餘的課程或遺漏部分課程，而學生在課堂測驗和州綜合評量的成績也將會改善。

　　從投入與產出中形成理性，從而在對話中提供一個新的方向。現在教師對於教學工作感到有興趣，對於要執行什麼教學變得非常清楚。而且每個人共同工作，這種以解決問題為導向且共同合作的方式可以產生熱忱──這種結果將於教師們的實踐與學生的成果中展現。

探究行動循環步驟四：採取行動

　　建立一套新的教學進度指引始於教師們對先前完成的評量指標再進行檢視。發現的過程從延伸評量指標開始，讓每個知識、技能與教學活動呈現在紙上。發現的過程也包含控制達不到的課程標準之範圍。因此，數學

與英語教師將能落實執行新的教學進度指引。換言之，班級教學將每天實施課程標準。

發現

教師們使用附有「黏性」的活頁紙來呈現他們課堂中現行的教學範圍與順序。彩色標記用來強調技能與標準的遺漏和多餘。這個作法引起教師們教學內容與教學方法的對話。例如，教師們開始對方案討價還價；換言之，教師們開始了解到他們的一些教學和課程標準是不相關的，並且願意放棄有興趣但與課程無關的教學活動。往往，教師接受了課程標準，培養了課程教學能力，他也將成為這方面卓越的良師和課程內容專家。這樣的發現是生生不息且是反覆不斷的。然而，這也揭露出一個必須重視的問題：教師們該如何使當前龐大的課程變得可管理？

李校長早已預料到這個困境。在沒有修正課程標準的情況下，處理授課範圍與順序，就會像一條狗追著自己的尾巴那樣。李校長採用一個方法來描述課程標準，即嫻熟「課程標準的力量」（見 Ainsworth, 2003; Reeves, 2002）以及 Grant Wiggins 與 Jay McTighe（2005）名為《透過設計來理解》（*Understanding by Design*）的著作，李校長和數學、英語教師們一同從事類似的過程：

1. 確認重要或必要的課程內容。
2. 比較學校課程與州的課程標準。
3. 區別課程標準間的落差。
4. 重新發展學校的課程標準。

實行

　　數學與英語教師完成新的教學進度指引，然後重新設計形式及改寫語言，方便使用者運用。事實上，指引是以「小孩也看得懂」的語言寫成的。因此，指引並非只是用來擱置在架上，被忽略且招惹塵埃之用。李校長樂見它們是在教師們的桌上，也樂於聽見它們成為團隊討論內容的重心。李校長也察覺到教師們在呈現教材及與學生討論作業的時候，信心大增——李校長認為，信心來自於一種歸屬的感覺，而這種歸屬又是由於他們對於什麼是被期望的，以及他們對什麼負有責任有更深刻的理解。這些指引也被用來，與那些開始在問孩子的進步問題時會提及指引的家長們分享。李校長無意間聽見一位家長對於數學教師的談論：「宛姐昨晚為了一個圖表在家裡到處測量。我跑去看你發回家的教學指引，想知道為什麼。天啊！這很有意義，所以我也加入了——我可以問她問題，而且可以和她討論她在做什麼事情。」

　　制定新的教學進度指引也引領教師們進一步的發現。他們開始用創新的方法來使用指引，例如，教師委員會正在努力，企圖設計一種替代性的成績單，直接使用教學進度指引的語言。當教師們教授具體的技能，他們將更能夠與家長和學生就具體技能的成就水準進行溝通。

探究行動循環步驟五：評估成效

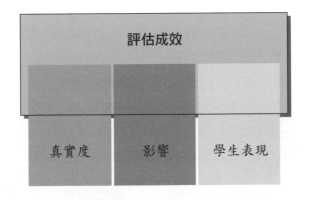

　　因為馬歇爾的教師們自己制定了新的教學進度指引，所以他們知道內容是什麼，也願意去遵循。因此，他們使用的意圖是很強烈，而且真實度也不成問題。此外，李校長開始在教學進行及正式觀察期間，對指引的遵循情形進行把關。在討論及觀察當中，李校長覺得新的教學進度指引對教與學已經產生影響。李校長也發現，家長們對於了解更多關於他們的孩子正在學習的內容表示讚賞。有一位家長告訴李校長，當課程標準不是用「教育」的語言寫成時，她和她的小孩一起努力就變得容易多了。那位母親說道：「我不知道非傳統類型的文學是什麼。然而，我的確知道詩人Maya Angelou 不是個男性白人！」

　　但是，李校長是如何確定目標以及學生正在學習課程的目標呢？什麼樣的資料指出學生學習的進步？許多教師提供學生學習的非正式的證據。此外，教師們與李校長密切注意州綜合評量（State Comprehensive Assessment, SCA）的成績。然而，他們可能需要數年 SCA 的成績資料，才能對結果做出判定。一位英語教師詢問李校長，他們是否可以使用一種測驗來測量他們在每個年級所教的具體技能。因為要讓教學變得更聚焦，她想要

知道是否有更好的方法，來針對她實際教學上的表現進行學生學習的測驗。還有一個清楚的影響是，教師們已經看出課程、教學與測驗間的關係。

探究行動循環步驟六：雙環學習

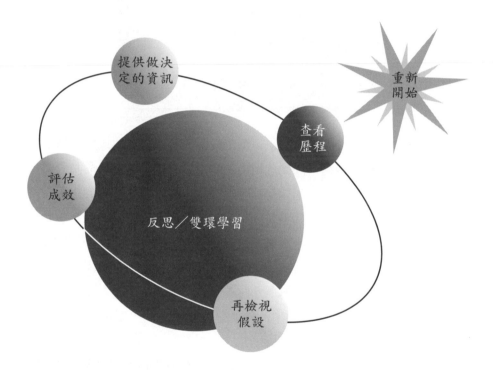

評估的行動激起反思——反思不只需要思考；反思需要批判性的分析。這樣的反思並不容易。批判自己的行為充其量可能不太舒服；批判同事間的行為可能令人覺得危險。也許馬歇爾中學的教師要學習的最重要課題之一，就是發揮他們自己的潛能，去改革及履行在學校裡真實的變革。他們可以為了教學目的而合作，而且可以修改一些缺失或不足，例如課

程。如果他們曾經這樣做，他們將能再做一次。李校長察覺到教師們處理自己以及彼此之間的工作方式有很大的改變。連他們走下大廳的方式，以及和對方打招呼的方式也有改進——現在大家會彼此微笑並且交談。合作探究行動循環之建立，使教師們能夠以專家的身分定義自己的工作，並扮演好為學生的學習服務的角色，同時他們已準備好去符合外界的要求與標準。

因此，隨著信心與舒適感的增加，全體教職員開始思考如何超越他們已達成的：我們已經有了自己的課程；我們也在使用它；我們樂見擁有一套課程及使用課程所帶來的良好成果。下一步呢？如同李校長所知的，反思不能以思考及分析作為結束。根據定義，反思將引領未來行動的思慮，而這可能修正或改變當前的實踐。李校長鼓勵馬歇爾全體教職員去探究，哪些問題是由於他們發展課程與教學進度指引所產生的。哪些可能被遺忘了？我們現在做事情的方式不同了，可能又會有什麼新的問題產生？因此，在完成循環之後，馬歇爾全體教職員又從頭開始。

本章總結

在李校長的引導下，馬歇爾中學確定他們想要改進學生在英語與數學的學習。他們發現並且接受學校的數學和英語教師們並沒有完全依課程標準教學的問題。認清目標與實踐的問題引領行動理論的開始：**假如**馬歇爾中學的英語和數學教師能依據州的課程標準，共同創造出數學和英語科有用且有效的教學進度指引，並且**假如**教師盡責地遵循指引，**那麼**教師將能夠更有效率地和同事一起工作，教師將遵守州的課程標準，學生將不必學多餘的課程或遺漏部分課程，而學生在課堂和州綜合評量的成績也將會改善。

接下來，數學和英語教師與李校長共同創作制定這些指引。然後，他

們開始著手在多樣的場合中使用指引：在課堂講授方面，在社區交流方面，在課堂之外的改變實踐方面。評估成效指出教師們盡責地應用指引，對於他們的專業精神、在學生與家長身上，以及在他們彼此的關係上，都具有正向的影響。

　　雖然課程與教學進度指引頗令人滿意，然而，李校長與教職員知道變革的工作尚未完成。他們一同進入新的探究行動循環。在下一章中，我們將跟著他們處理與評量相關的挑戰及使用資料來改進教學的實踐。

▶▶ 反思與討論

1. 仔細思考你學校本位課程的範圍與順序：
   - 修訂過程何時完成？是最近嗎？
   - 目前的教師有哪些人參與？誰未參與？
   - 此過程是否處理跨年級教師們的課程內容？
   - 範圍與順序和州的課程標準有何相關？

2. 仔細思考你學校的教學進度指引：
   - 涵蓋哪些內容？哪些沒有？為什麼？
   - 目前的教師有哪些人參與？誰未參與？
   - 此過程是否處理教師們跨越年級的具體教學內容？
   - 範圍與順序與你的教學進度指引有何相關？

3. 仔細思考你學校在教學進度指引的課堂評量指標：
   - 每個課堂已發展了評量指標嗎？如果沒有，為什麼？
   - 評量指標與教學進度指引有何相關？
   - 評量指標如何被使用？你有什麼證據證明它們被使用？
   - 學校行政人員用什麼方法對評量指標的使用與否進行把關？

4. 使用合作探究行動循環來設計、檢視或修正你學校的課程。

- 哪些是你的實踐問題？你怎麼知道這些是問題？你可以從哪些學校相關團體獲得資訊？

- 你的行動改進計畫的問題接受度如何？

- 在你的學校中，行動理論會是什麼？

- 你的行動改進計畫如何在學校採取行動？你發現了什麼訊息？你實行行動的計畫為何？

- 你如何評估你所做的？你的評估工具以及真實度、影響和學生表現的標準是什麼？

- 你如何確保你行動的過程是經過反思的？評估系統可能因此而做了什麼改變？

■CHAPTER

4

我們知道什麼？
評量資料促成行動的實例

　　李校長的學區長說得很清楚——要將馬歇爾翻轉過來。當然，李校長了解他的意思是：「要提升馬歇爾中學在州標準化測驗的分數！」而法藍也提醒他：「不要忘了資料導向決策（DDDM）。」當然，李校長了解根據資料做決策的重要性，也想據此做出教學和學習上的決策。李校長笑說：「所有的決策不都是由資料所驅策的嗎？」然而，問題在於：在馬歇爾可以獲得什麼樣的資料？如何去使用這些資料？教師是否能夠使用資料去改進他們的教學？

　　以下是李校長所知道的：

- 負責本業務的州辦公室希望州標準測驗的分數一年比一年進步，並想了解學校如何測量每年測驗的進步情形。
- 學校董事會希望學區學校繼續使用每年全國性的標準測驗，以和全國其他學校做比較。
- 學區長和學區新的測驗指導員想要發展一個區域性的測驗系統，可測試個別學生每年進步的情形。
- 此區的校長們想發展區域性的測驗系統，可評估學生每年在「標準測驗」中的情形。

　　在這些壓力當中，馬歇爾的行政主管們告訴李校長，由於當地報紙報
導州測驗的結果，使得教師們士氣低落。更糟的是，近期報導說，不久可
能以測驗的結果，作為教師獎金多寡的依據。另外，在李校長第一次和馬
歇爾家長／教師保護組織的會議中，發現對於州測驗的成績有兩派意見。
一派擔心太過於重視州測驗成績，另一派則擔心教師無法充分達到州政府
規定的課程標準。去年學生自治會的情形讓李校長特別感到困擾。在 4 月
的會議裡，學生對於他們花很多時間在測驗上覺得很煩。其中有一位學生
說他覺得焦慮到不想來上學。

　　李校長知道多種形式的評量資料將是改進的關鍵。李校長也知道沒有
足夠的資料和正確的數據將使問題惡化。有一些好消息是──李校長之前
和學校教職員一同參與課程計畫，讓教職員將焦點放在如何去評量學習，
而不是哪些學習該被評量。李校長明白馬歇爾的教職員必須投入另一個探
究行動循環，以找到解答。

❖　　　　　　　　　❖　　　　　　　　　❖

探究行動循環步驟一：確認問題

　　關於評量學生這件事，並不是一種新的學校管理技術。從早期的智力測驗到簡易的班級考試，到標準化的州測驗和全國測驗，評量有不同的形式和功能。現在，高的績效責任使用州級的測驗成績來判定學生、老師和學校成功與否。強調標準化分數使得評量成為政治聚光燈下的焦點，也存在於每位教育者的心中。

　　傳統上，在學校層級當中，評量一直是課程、教學及評量三角關係中的弱點。再者，「評量」作為一種實踐問題不能被獨立看待。評量的議題必須在當地情境脈絡下做解釋，與課程鑲嵌，同時必須為教師教學提供資訊。

　　因此，為了了解及充分確認問題，李校長深知各種團體的觀點都需要被聆聽及考量：

- 社區：一般來說，社區成員關注於房地產價值。房地產價值中一個很重要的變項在於當地學校的優劣。當地學校的分級又在於標準測驗的分數、優秀大學入學測驗，像是 ACT 和 SAT。然而，自從《不讓孩子落後法案》（NCLB）所產生的年度進步標準（AYP）規定，每個學校都要被「分級」。這些分數在當地媒體上公布，也被印在房地產刊物中。因此許多住在馬歇爾區域的商店和家庭注重學區房價，也注重州測驗的分數。

- 州及聯邦政府：2002 年 NCLB 要求各州實施州級的共同測驗，這些州測驗在評量地方學校的 AYP 成果。雖然測驗的功能非常明確，但各州的形式卻不同。像大部分的州一樣，馬歇爾所在的州是改良現有的州測驗，來配合州認可的課程。某種程度上來說，馬歇爾是幸運的，因為它不在那些使用全國性評量工具的州裡，他們根據全國課程標準而發展出像是 SAT 與 ACT 這種測驗。州政府正在考慮加入已超過十個州認可使用的「學生成長」測驗，可測試學生每年的學習成長。本州所使用的測驗，都是屬於一種總結性的評量，在年底施測。近來，州教育部門績效責任辦公室要求學校與學區，要發展另外的評量工具，以作為監督年度州測驗成績之用。因此，馬歇爾中學面臨聯邦的「要求」，要參加全國教育進步評量（NAEP）。

- 學校董事會：馬歇爾學區的學校董事會想要一個全國性的考試，能讓當地學生和全國學校同儕做比較。有許多這種項目的測驗，依年級同儕團體將分數常態化（如 Terra Nova 評量、Stanford 測驗、Iowa 測驗），馬歇爾董事會在去年採用了其中一種。

- 學區辦公室與學區長：為了回應政府與學校董事會的壓力，學區長法藍正考慮購買或發展額外的評量，能夠在州測驗之間實施。然而，這些評量要測驗什麼課程內容已經引起紛爭。一些人士希望有個評量系統可以測量出學生一年一年的學習成長狀況；而其他人士

則想要一個能測出學生在州級測驗中的通過率或失敗率的評量。

- **校長**：學區的校長們則擔心額外的測驗。具體來說，他們關心的是測驗的執行和測驗的使用。在一次校長會議中，李校長聽到校長們對於要求老師執行和要求學生參與另一次測驗的憂慮。他們也擔心校長的權力會從學校行政和輔導室中被奪走。

- **家長**：家長們有一個明確的目標：他們希望他們的孩子學得好。而「學得好」最顯而易見的結果就是班級成績和標準測驗分數。因此他們希望孩子有好成績和得到高分。家長也想要確定測驗的內容是否已教給了他們的孩子。這點在馬歇爾所在的州裡特別明顯，因為它具有高績效責任的要求。也就是說，學生必須通過州的綜合性考試才可以畢業。結果，許多家長竭盡所能（不論正確與否），要求馬歇爾的教師將學生安排在成績特別好的班級裡。曾經，許多馬歇爾的家長是依據學生個人特質與學習風格選擇老師；而今，許多家長則變成受到課程影響的消費者。

- **教師**：「為考試而教學」變成很多馬歇爾教師負面的真言。他們聲稱這類的教學減低他們的專業實踐，使專業教學教條化，並限制了課堂師生關係的建立，有許多教師將師生關係視為學習的關鍵。最後，教師們了解相關的測試結果可被運用來改進教學。然而，現今一系列的測驗，並非設計來提供教師改進教學，而是進一步干擾他們的努力，把用來改進每一個孩子學業成就的時間偷走。

- **學生**：焦慮與測驗對中學生來說並不稀奇。然而，隨著測驗在馬歇爾的重要性逐漸增加（例如：決定升級、畢業或獎學金），學生的焦慮也增加了。結果，已經獲得升級、畢業或獎學金的學生對於測驗的種類、結果與使用不再有興趣。學生原本視學校教育為學習的過程，當評量變成是學習的主要部分，當學生對於評量應接不暇，而且當學生發現測量後的結果並未用來改進學生學習時，他們便感

覺事不關己。結果,對學生而言,評量與學習之間無法產生關聯。

所有這些壓力使李校長處於一個很常見卻又複雜的位置——沒有校長能夠完全應付人們關心的每一件事。然而,身為一個具備探究意識與行動導向的校長,李校長運用互補和競爭的觀點,仔細建構一個實踐的問題。很明顯,學校層級的測驗是一個問題。對李校長和馬歇爾中學而言,他們需要具有連貫性與一致性的測驗系統。在試圖改進的問題上,李校長決定要運用馬歇爾中學的「學校社群」,更明確地說,就是學校改進小組(School Improvement Team, SIT),以確定馬歇爾中學評量的範圍和次序。

這個小組整理出一份學校的「學生表現測驗種類」作為開始。這份目錄包括以下要素:

- **測驗的種類**:要實施何種類型的測驗、評估、調查,或諸如此類的東西?
- **測驗的實施時間和程序**:何時要蒐集資料?這些數據資料是否要電子化?
- **測驗的性質和回饋方式**:這些數據資料是總結性的還是形成性的?常模參照或標準參照?誰來分析資料,以及提供回饋的時間與對象?
- **測驗的準備工作**:和測驗相關的資源(例如:專業發展活動)與支持機制(例如:討論測驗成績的時間)有哪些?

表 4.1 是已完成的馬歇爾中學數學科與英語科(ELA)的學生表現測驗種類。

表 4.1 馬歇爾中學的學生表現測驗種類

測驗的種類	測驗時間和程序	測驗性質與回饋	測驗的準備工作
州綜合英語文測驗（六至八年級）	春季，線上測驗	評量指標（州課程標準），條列式的結果；秋季公布結果	訓練施測人員及解讀成果
州綜合數學測驗（六至八年級）	春季，線上測驗	評量指標（州課程標準），條列式的結果；秋季公布結果	訓練施測人員及解讀成果
Gates MacGinitie 閱讀測驗（抽測六年級學生）	春季和秋季，線上測驗	學生的反應；在兩星期內公布結果	語言專家與教師討論結果
史丹佛數學測驗（八年級）	秋季，電腦施測	數學單元常模參照；春季公布結果	無
數學教科書單元測驗（七年級）	每六個星期，紙筆測驗	評量指標（學區課程）；教師自行決定	無
學習氣氛測驗（六至八年級）	春季，線上測驗	學生感受；春末	無
即席寫作（八年級）	一年四次，紙筆測驗	評量指標（學區課程）；教師自行決定	提供時間給八年級教師討論結果，並創造再次教學活動
學區數學測驗（六至八年級）	一年四次，紙筆測驗	評量指標（學區課程）；雙週的回饋	訓練行政人員以協助課程的內部對談

　　這份學生表現測驗種類缺少有關實施對象適合程度的資料，李校長認為需要包括：(1)測驗設計的目的；(2)測驗使用者的意圖；(3)測驗的使用程序。李校長常認為要依據測驗資料來做決策，但許多教育工作者都未正確使用資料。李校長記錄所有的測驗以及這些測驗適合哪些人員的需求（見表 4.2）。

表 4.2　馬歇爾中學適合學生運用的測驗資料

測驗的種類	適合程度		測驗的需求人員
	測驗目的	馬歇爾是否使用	
州綜合英語文測驗（六至八年級）	州用來判定年度進步標準（AYP）	無	聯邦和州政府
州綜合數學測驗（六至八年級）	州用來判定 AYP	學生補救教學分班	聯邦和州政府
Gates MacGinitie 閱讀測驗（抽測六年級）	評估學校的閱讀補助	限用於閱讀能力特殊生	校外補助基金會
史丹佛數學測驗（八年級）	學區官員用來跟全國各校比較學校成果	無	學校董事會
數學教科書單元測驗（七年級）	學生成就的總結性評量	學生成就的總結性評量	七年級教師
學習氣氛測驗（六至八年級）	學校氣氛的評量	學校改善計畫	學校領導階層
即席寫作（八年級）	學生成就的形成性評量	學生成就的形成性評量	八年級教師
學區數學測驗（六至八年級）	學生成就的評量	無	學區的行政人員

　　李校長的第一步就是對準目標。首先，將一些資料用在未被預期之處。例如：SCA並未提供具體的學生補救教學資料，馬歇爾中學的老師使用州綜合評量（SCA）作為數學補救教學分班之用。接下來，李校長注意到在測驗種類中，遺漏了教師、學生和家長的需求。更具體地說，缺乏一套測驗數據可讓老師每天及時地改變他們的教學。

　　李校長帶著表格到改進小組去檢驗馬歇爾中學的測驗範圍與實施順序。這個改進小組發現每年要花許多時間準備或實施評量。在評量性質上，改進小組發現大部分評量在本質上是總結性的。具體地說，有許多評量提供數據給教師，但時間點或評量性質卻不容許接下來的補救教學活

動。小組的分析也顯示數據資料缺少了來自教師和學生的感受。具體言之，雖然學習氣氛問卷提供了重要的數據資料，但改進小組仍想要知道更多關於老師教授數學與英語的感覺，以及學生學習數學與英語課程的感受。

最後，改進小組確定了許多評量實施上的問題：

1. 學校實施了太多的評量。
2. 學校未採取適合的評量種類。
3. 評量並未提供老師與學生對數學與英語科的感受資料。
4. 評量的回饋報告未即時，且尚未全面數位化或電子化。
5. 教師缺乏時間與能力有效地使用測驗資料。

李校長很清楚這個問題：馬歇爾中學的教師並沒有學生層級的診斷性評量資料，而這對於影響他們日常的教學決策卻是不可或缺的。然而，李校長知道要向前邁進，至少馬歇爾的學校社群必須接受這個問題的共同意義，並承擔起學生學習的績效責任。

探究行動循環步驟二：接受問題

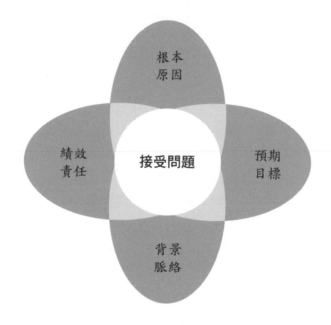

因為特定類型的測驗資料存在許多不同的組合因素，要確認這個問題特別困難。首先，每個人必須認同這個教學問題是存在的。馬歇爾中學的測驗種類透露一個訊息，亦即缺少學生在數學科及英語科的診斷性資料。再者，先前處理教學困境所做的努力，只是理念性的努力，卻沒有系統性的執行。另外，隨著學區和個別教師對學生學習的要求（例如：八年級英語教師負責的八年級即席寫作，以及由七年級數學教師負責的七年級數學單元考試），並未著力於減少測驗，讓學生減輕過度考試的問題。

在馬歇爾中學裡，大家必須先接受數學及英文科的新測驗，以提供學生層級的診斷性資料。為此，大家得先了解問題的根源，說明學生學習的結果，而且，學校和教師要承擔測驗結果的責任。對李校長而言，這個過

程將從建立對根本因素的共識開始。對於這個實踐上的問題，其根本因素很明顯：(1)增加新的學生學習評量，以回應學校社群的關心；(2)當加入新的評量時，原先的評量並未減少；(3)沒有一種評量可提供老師、學生及家長，學生學習成效及調整課程教學的即時資料。馬歇爾中學一直以來，處在一個缺乏學生學習資料去影響教學實踐的困境，因此，要讓大家接受就要大家先承認這個事實。

李校長可以看出 SCA 當中有關數學和英文科的學生學習資料，顯示學生個別學習的不足和不同團體間充斥著不公平現象。因為社會公義對校長而言非常重要，李校長認為要讓教師接受這個問題，校本的學生學習資料甚至更有說服力。說得更明確些，直接看到學生學習的不公平證據，可以改變教師的思想（動機），使他們接受這個問題，並增加他們處理這個問題的能力（技巧與知識）。

李校長啟動這個接受問題的方式，是透過在學校改善團隊中成立一個工作小組，稱作馬歇爾資料小組（Marshall Data Group）。當這個小組回顧這個學生測驗種類時，重要的、包羅萬象的，以及經過深思熟慮的對話產生了。時間一久，就建立起共識，最後便促成全體教職員的接受問題。

要做到合作探究行動循環並不容易。在這個案例中，李校長必須引導教師們經歷一個過程，學習承擔責任，以解決所發現的問題。教師們將了解並且接受實踐的問題，不只需要增加一個學生層級的診斷評量系統，同時運用這樣的系統也將回饋影響他們的教學實踐。

探究行動循環步驟三：行動理論

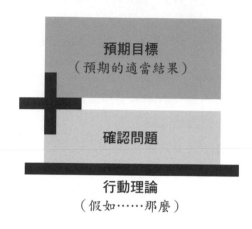

　　馬歇爾中學的預期目標是提升學生的學習。如同前述，這個目標過於空泛。由於聯邦及州政府所規定的任務與處罰措施，以及學區辦公室與社區對於州綜合評量（SCA）的壓力，馬歇爾中學的目標變成：**提升學生在州綜合評量中英語與數學科的成績**。為了把 SCA 當作努力的目標，馬歇爾中學就必須確定學校課程是針對 SCA 的測驗內容所設計，教師是按照預定的課程來教學，教師具備了必要的內容知識和教學內容知識，而且教師擁有多種評量資料，可用來協助他們做出平日的教學決定。最後所要思考的就是將焦點放在實踐的問題上。說得更具體些，**教師並沒有關於學生程度的必要性診斷資料，以作為他們平日教學決定的參考**。這個行動理論的實行情形說明如下：

預期目標	改善全體學生在英語和數學方面的學習。
確認問題	馬歇爾中學數學和英語的實授課程並未符合預定課程標準。
行動理論	假如馬歇爾中學的英語和數學教師能依據州的課程標準，共同創造出數學和英語科有用且有效的教學進度指引，假如教師能盡責地遵循指引，那麼教師將能夠更有效率地和同事一起工作，教師將遵守州的課程架構，學生將不必學多餘的課程或遺漏部分課程，而學生在課堂和州綜合評量的成績也將會改善。

　　闡明行動理論可以產生新的策略性對話。明確地說，需要什麼策略以及必須採取什麼活動，著眼於行動理論的實現。策略包含具體的槓桿施力點。這樣的槓桿施力點形成必須做的事情，進而支持並提供付諸行動所需的資源。

探究行動循環步驟四：採取行動

　　採取行動始於一個發現的歷程。在這個例子中，「發現」包含馬歇爾中學學生程度診斷測驗的發展，「實行」意指將測驗資料加以運用。明確地說，就是如何將這個工具付諸實踐。我們在馬歇爾中學的發現歷程始

於：馬歇爾如何選擇一個新的測驗？有哪些可用的資源和支持？

發現

馬歇爾中學資料小組的任務是去確認一種測驗工具，可以提供學生在數學和英語科方面，有關學生程度的詳細診斷性資料。這個小組了解他們需要的是一個標準參照測驗。具體言之，他們需要一種工具，以評量學校課程是否符合州的課程標準，而這個課程標準又在SCA中被測驗。這個小組找到許多已出版的「形成性」測驗的產品，同時也選了兩個受高度推薦且廣受採用的評量公司為小組做介紹。

在介紹當中，很清楚地顯示每一個測驗系統都具有很強的心理測量學性質、資料儲存能力，以及可描述特質。李校長提醒資料小組去思考評量適合度的議題，以及實踐接受度的問題。

第一個評量工具，提供了學生在閱讀和數學方面的成長數據。這項工具是一種以電腦為基礎的、調整適應式的評量。每個學生的題目不同，題目產生的依據是他們前面的答案。這評量的優點如下：

- 此產品提供優秀學生在閱讀和數學的長期資料數據。也就是說，可繪製出個人每年在閱讀和數學方面的成長曲線圖。
- 此產品可依據評量結果提供課程的建議。
- 此產品可預測學生在 SCA 的成績。

學校團隊對此產品有一些疑慮：

- 因為這項評量工具是一種調整適應式的、以電腦為基礎的測驗，教師們擔心沒有能力協助特殊需求的學生去進行這個測驗。
- 這個評量未能提供教師們每個題目的測驗結果。事實上，教師們無

法看到實際的題目。

團隊認為這個評量產品雖然有助於追蹤個別學生的成長，但並不能滿足馬歇爾中學教學問題的獨特需求。

第二個評量工具也是以電腦為基礎的評量。這個工具可讓教師決定測驗的課程內容。另外，這個系統亦可依據現有的課程標準來評量學生。團隊認為這個評量有以下的優點：

• 教師可以收到他們所選擇的課程標準之評量資料。
• 教師可將結果運用在學生成長進步的學期報告當中。
• 教師也可了解學生在未來的學習單元中已具備的先備能力。

缺點則包括了下列幾點：

• 被評量的課程標準並非特別針對他們的州。因為這個評量公司同時為幾個州服務，因此其課程標準並非特別針對各個州。
• 團隊發現這個評量在每個課程單元中只問了極少量的問題。團隊成員擔心只依據少數問題可能不足以完整呈現這個範圍的內容。
• 雖然團隊成員發現可以評量課程標準的優點，但他們同時也擔心如此少量的題目將不能幫助他們查明其掌握的課程內容。再者，團隊成員也關心會增加學生對於沒被教到的課程範圍之焦慮。

而且，許多的評量產品都很昂貴（每個學生八至十二美元），而且皆有自己的「形成性」定義。團隊成員可確定的是，它們都無法「適合」他們教學問題上的需求。

根據這個發現的歷程，老師們與李校長都同意應發展一種平時性（informative）的評量，而非總結性或形成性的評量。明確地說，它被定位成一種「符合」教師需求的評量，能夠提供數學及英語科（ELA）學生學習表現的即時診斷資料。另外，這個評量必須對學生和家長是有價值的。這個評量必須對學生和家長是有用的且是重要的，使學生可以更了解他們的學習狀況，而家長也能清楚孩子的需求。老師們發現他們所要落實的行動，就是去發展他們自己的平時性評量系統：馬歇爾進步評量（Marshall Assessment of Progress, MAP）。

實行

　　李校長從馬歇爾的預算中拿出經費，和當地大學的評量專家簽約，以便與馬歇爾的數學及英語科的教師一起研發一套完整的測驗評量。這項工作以項目反應理論（item-response theory, IRT）的歷程，進行評量題目的發展與題項之建立，以形成各年級可接受的評量題目。另外，教師要確定這些發展出來的題目和每季所教授的課程具有連貫性。

　　MAP是被設計來作為評量每季六至八年級英語科及數學科的技能與知識。除了學科內容的問題之外，每個測驗將會問學生及教師一系列知覺性的問題。例如，如果六年級教了分數的乘法，學生就會被問到他們如何將這個作業學得最好，教師也會被問及這個主題上的內容知識與教學技巧。

　　這個「確實」體現教師教學與學生學習的評量行動，將伴隨著英語與數學科 MAP 的執行，以進行後續的評量。

探究行動循環步驟五：評估成效

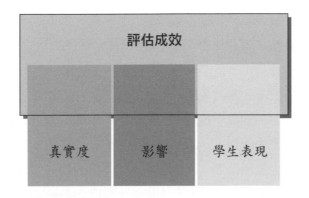

　　MAP在馬歇爾中學的運作情形如何呢？李校長知道發現和實行的歷程對於 MAP 的發展是重要的，但李校長也了解 MAP 的實用與否決定於三個重要的特性或評估標準：(1)真實度；(2)影響；(3)學生表現。

　　李校長對數學和英語科的教師遵照 MAP 的步驟有信心。事實上，行政主管、教師及科技支援人員正緊密合作，以確定評量能照進度執行，而電子的評量成果報告能在二十四小時內回報給教師。然而，教師報告說缺乏學生和家長方面的真實性。亦即學生與家長並未使用 MAP 的資料。因此，李校長和教師必須去了解原因何在。是 MAP 資料無法取得？可取得資料但無法理解？可取得並理解內容，但缺乏引起行動的機制？而那樣的行動到底會是什麼？以及家長和學生是否準備好採取行動了？一個增進真實性的策略是決議所有的教師必須在年級簿冊中使用 MAP 評量。有一些原先反對的教師，很快發現他們自己原有的課堂測驗是多餘的。當 MAP 變得更精確之後，教師和學生的數學表現的真實性也提升了。

　　關於影響方面，李校長在有關 MAP 的親師會議當中，要求家長填寫一份簡短的問卷。雖然家長一般而言支持MAP，但很多人表示很難在家中

使用評量結果。這個訊息也影響教師在馬歇爾中學使用 MAP 數據資料的作法，這將於下一段討論。李校長和投入 MAP 的數學及英語科的教師開了很多次會議。這些老師討論這些評量對他們教學上的影響。教師們幾乎一面倒地反映，發現資料數據是有幫助的；不過，也有許多人表示，他們不明白可以用評量資料做什麼。這項發現啟動了教學的反思，而此類反思將在下一段進行檢視。

評估問題最根本的關鍵在於學生學習的問題。具體而言，學生在MAP中是否提升了他們的知識和技能？因為 MAP 才開始執行，教師們了解今年的資料將提供未來使用的一個基礎線。然而，教師表示從評量資料中，反映出學生的學習進步情形。李校長也建議未來的研究應將 MAP 和 SCA 做連結。李校長答應會去尋求大學來協助發展此類的研究。

探究行動循環步驟六：雙環學習

經過對於 MAP 的真實度、影響和學生表現的評估之後，馬歇爾中學的教師就可以致力於反思。在 MAP 的反思過程中，教師可對於他們所學到的東西和下次可行的步驟進行思考並交換意見。他們考慮到以下幾點：(1)對於MAP的評量結果，他們正在做什麼（或未處理什麼）；(2)在MAP中的問題與執行的缺失；(3)對學生和家長的影響；(4)支持和資源需要更有效地運用在 MAP 當中。

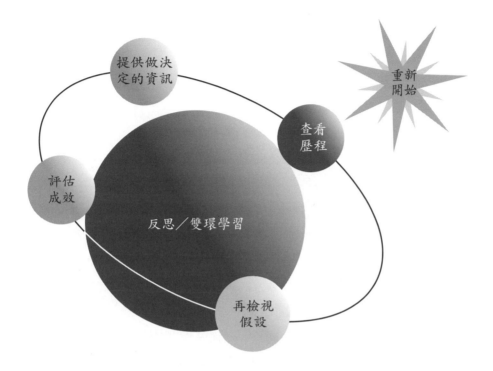

　　一開始，教師們想提供資源，讓家長能根據 MAP 的評量結果來支援學生的學習。也就是說，雖然 MAP 提供家長一大堆有關孩子學習的詳細資訊，教師仍想為家長設計一整套針對學生所需協助的獨特技巧和知識的資源。例如，教師討論到發展每個基本單元的線上個別教學。這些個別教學的成果會和 MAP 評量結果一塊寄到家中。

　　討論的焦點轉到學校每季的成績單與 MAP 評量結果的一致性上。教師發現 MAP 的資料提供比成績單更詳盡的內容細節。有位教師草擬出一份提供給家長更多資訊的報告表（見表 4.3）。

表 4.3　學生學習的評量分析

州的標準 （單元）	具體技巧	教師進行的評量 （包括 MAP 的評量結果）			協助資源
分數的乘法	在這一季，學生應該要學會簡單的分數乘法運算，例如 1／3、1／4、2/3、3/4				連線到線上個別教學，以協助學生學會這個技能

　　教師也反映需要發展啟動機制。也就是說，教師希望能根據不同學生群體在 MAP 的評量結果，啟動某種行動。例如，教師建議每季在 MAP 的評量結果發表後預留兩天，以便：(1)和下一年級的教師及課程內容專家會面，針對未達標準的學生討論其教學內容；(2)預訂時間去參與特別的策略會議，像是短期的補救教學團體。

　　反思也透露了教師需要額外的資源以提供學生更好的服務。例如，知覺資料的調查，不但詢問學生如何最有效地學習特定的內容，同時也要求教師在特定標準的教學上要能達到順暢且有自信的程度。因此，教師坦率地承認他們的不足，並想要獲得特定的資源。

　　最後，反思的焦點集中在馬歇爾中學的考試數量。雖然學校已將平時性評量加入學生學習表現之評量項目內，但其他的評量並沒有被剔除。李校長討論哪些評量是教師想剔除的。有趣的是，教師列出來的並非是一系列學區舉辦的測驗，而是教師在教室中所使用的一系列評量。說得更清楚些，如同之前的討論，英語和數學教師發現，MAP 是學生學習的一種可信賴的評量工具，而且應該併入評量過程。雖然如此，李校長打算去要求學區長官減輕對他們的要求，讓他們不用實施每年的全國標準測驗。

　　馬歇爾中學的教職員在如此的反思中產生了雙環學習。這個探究行動歷程真的變成了一個循環，它需要確認新的實踐問題，於是終點又變成一

個新的探究行動循環的起始點。

本章總結

當商業社群已經進展到使用資訊、資料和知識去發展策略計畫之際，學校和資料之間仍然是一種鬆散的關係。美國教育部（U.S. Department of Education, 2003）的一份文件《使用資料數據去影響教室決策》，其中說到：「研究顯示教師使用學生評量結果去引導及改善教學，比那些不使用評量資料的老師更有效率」（p. 2）。儘管如此，教育者（教師和校長）在使用評量資料方面所受的訓練很少，並覺得和評量結果資料的蒐集及檢驗脫節了（Earl & Katz, 2002; O'Day, 2002）。這已經造成許多有意或無意的不良後果，包括考試導向的教學，最糟的狀況是在州測驗中作弊。

研究顯示在合作的基礎下，評量資料以一種沒有脅迫及有效的方式被運用（Wayman & Stringfield, 2006; Young, 2006）。當評量的重點放在教學、學生診斷，以及教師專業發展時，教育者就能發揮評量的功效（Stecher, 2002）。形成性評量系統的執行必須伴隨著資料驅動專業學習社群的發展。唯有如此，才能將評量從總結性的評量轉變為平時性評量的模式（見 Popham, 2008; Reeves, 2004; Stiggins, 2005）。在馬歇爾中學的實證中，這些主張被確實採行。在馬歇爾中學，合作探究行動循環可使教育者投入評量資料轉換為行動知識的過程，進而影響他們的教學。最後，這個過程引領他們採取下列的行動：

- 挑選並論述符合州定架構的學校課程標準。
- 發展學校的數據資料團隊。
- 創造適合學區和學校的評量種類。
- 發展一套完善又連貫的平時性評量，以提供學生的診斷數據資料。

- 明訂合理的時間，讓學校教師能進行內部合作，從事跨年級或跨領域的合作。
- 建立教學及課程的專業發展和指導模式。
- 發展監督與支援教學的運作模式。

最後，州綜合評量和許多其他的形成性評量及總結性評量，都無法提供馬歇爾的教師們所需求的教學變革的數據資料。下一章，我們將檢視運用評量數據資料來改變教學實踐所面臨的挑戰。

▶▶ 反思與討論

1. 你的學校是否有測驗種類之目錄？如果沒有，可採用李校長所使用的範本目錄（或創造你自己的）來蒐集必要的資訊，以完成這份目錄。這份測驗種類目錄告訴你哪些學校的數據資料？缺漏哪些數據資料？

2. 描述在你學校適合學生運用的測驗資料。考慮李校長所使用的（或創造你自己的）學校評量資料「符合」表，以了解你的學校數據資料「符合度」的議題。

3. 你的評量用哪些方式連結到課程範圍和教學進度指引，以及相應的評量指標？如果沒有，請你運用第三章的反思與討論，去創造一個新的或修改過的評量計畫（如下所示）。

4. 運用合作的行動－探索－行動循環，來創造、檢視或修正你的學校評量計畫。

   - 哪些是你的教學問題？你怎麼知道這些是問題？你可以從哪些相關團體獲得資訊？
   - 你的行動改進計畫的問題接受度如何？
   - 在你的學校中，行動理論會是什麼？

- 你的行動改進計畫如何在學校採取行動？你發現了什麼訊息？你實行行動的計畫為何？

- 你如何評估你所做的事情？你的評估工具以及真實度、影響和學生表現的標準為何？

- 你如何確保你行動的過程是經過反思的？評估系統可能由於這個過程，而做了哪些方面的改變？

■CHAPTER 5

我們在教室裡做些什麼？
教學變革的實例

　　李校長感到頭昏眼花。有太多關注的眼神盯著州綜合評量（SCA）的分數。「至少，這所學校看待分數的方式不一樣了。」李校長這樣想。對於資料可能告訴他們的事情增加了一份尊重——而且終於有相關的評量資料了——教師們曾經要求李校長要特別注意學生在測驗上的弱點。這些模式很清楚地說明一點：英文學習者（English language learners, ELL）的學習是失敗的。在馬歇爾八年級的ELL學生當中，令人感到驚訝的是，竟有72%的學生數學不及格，79%的學生自然科不及格。而在學校的各個年級，李校長看到那些一般認為已經達到英語精熟水準的ELL學生中，數學不及格者占了51%，自然科不及格者也占53%。這個群體顯然並未達到年度進步標準（AYP）；他們的不及格率比起其他學生高出二至三倍。

　　還有許多的分數能夠證實這個模式。在三個年級當中（六年級、七年級和八年級），馬歇爾的教師正依據州和學區課程標準，進行英語技能（ELA）和數學科的正式評量。這些即時的測驗提供資訊給教師，並且被認為可以用於診斷個別學生的學習問題。李校長不確定教師是否正使用這些測驗結果來檢視他們的教學，不過成績證實，學生並沒有達成特定的課程標準——在ELA和數學方面都未達成。在這些不及格的學生當中，有許多是ELL學生。所以問題似乎確實存在——不僅僅是數學和自然科的問題。

　　李校長在想，「我該怎麼做？我們一直培訓ELL教師以符合國家課程標準。我們的課程是依據這些標準而來──而我們的考試測驗的是我們課程裡的東西。我們一直將ELL的班級維持得很小。當孩子準備好時，才讓孩子離開這個語言發展方案──不會太快，但是會在他們開始失去動機之前。我還能做些什麼呢？答案絕對不是只拋給 ELL 方案更多的資源及教師，即使我有這些資源。我必須知道努力的目標在哪裡。但是我要從哪裡開始呢？

　　更糟的是，在SCA分數之外，出現了另一種問題。每個年級特殊教育轉介的學生暴增。ELA和數學等核心科目的教師們抱怨越來越少的學生能夠掌握教材。他們要求各種各樣的介入協助──有些人想要某個特別的方案，而其他人卻想要另外一種。幾乎每一天，李校長的桌上都會出現某一位教師對某種專業發展機會的請示。如同ELL的情形，李校長知道僅投注資源並無法改變現狀。李校長感到巨大的壓力，同時疲累不堪。

　　李校長打了個大呵欠，伸伸懶腰。「我為什麼要問自己該怎麼辦？我知道我需要做的是──不要單打獨鬥。這不是我個人單獨的問題──這是這個學校的問題，所以我需要集合大家來決定如何處理。甚至，我也許還不知道真正的問題所在。沒錯，我們ELL孩子的學習是不及格的，而且很多孩子似乎也有某種特殊需求。我們必須探討問題的根源：到底是哪些孩子不及格，無法完成指定的作業？他們的生活中還發生了什麼事（畢竟，他們還只是中學生）？他們有什麼特殊的學習問題──是一個問題，或者很多問題？教師們有辦法滿足他們的需要嗎？教師真的知道他們的需求嗎？我們的課程是否提供了我們必須提供的，或這個課程是否忽略了某幾個孩子或某些群體的孩子？

　　弔詭的是，當李校長的心中縈繞著更多的問題時，這位校長卻覺得充滿希望。意識到ELL的失敗，以及過度轉介特殊教育學生等問題，可以作為反省探究的起始點，進而導致行動的產生，這樣一來解決辦法似乎是可

達成的。「首先，我們必須確認實踐的問題——當我們有了學生表現評量資料，我們就可以透過聚焦來確認問題。當然，大家必須先接受這是我們的問題，但再次提醒，透過我們的評量數據來解釋問題會較有幫助。然後我們可以一起產生行動計畫，我們以前曾經這樣做過。我們一起改革我們的課程，並創造一種新的評量系統。所以我得將探究團隊一起帶進來。我將邀集那些了解這個模式並受到影響的教師，以及一些家長。我也會接觸在這個地區雇用新移民的企業老闆。我將從這些地方開始著手。」

❖ ❖ ❖

探究行動循環步驟一：確認問題

當大家似乎都將關注點放在兩個明確的學生次群體時，也就是ELL和有特殊需求的學生，學校內外幾乎每個人都感覺到這樣做的效果。如此一來，要確認的問題就需要考量學校社群的所有利益關係人。李校長建立的探究團隊就是為了這個目的而存在的。表面上問題似乎很明確：ELL學生未能掌握學術技能，而且有太多的學生被轉介到特殊教育服務。然而，這個團隊很快地看到學校社群對這個問題有不同的觀點。

- **州及聯邦政府**：州政府將未能達成AYP的學校列為失敗的學校。因此，學區長對於ELL這個次群體的分數拖累馬歇爾感到不滿。從學區辦公室的角度來看，問題在於教室中的ELL教師。

- **學校董事會**：學校董事會關心的是日益增加的轉介率，因為提供特殊教育的服務所費不貲。董事會想要知道問題是來自身心障礙的學生增加了，還是來自教師無力滿足一般教室中學生的需要。

- **家長**：ELL學生的家長感到非常生氣，因為他們覺得資源不足，將會影響到孩子學習的水準，以及與英語為母語的其他孩子競爭的水準。有些家長要求雙語課程，其他家長則指責學校將最差或不合格的教師分配到ELL的班級。與此相似，轉介到特殊教育的學生家長也怪這個、怪那個：教師不知道怎麼教、一般教育的介入措施不適當、特殊教育就像一個垃圾場而且經費不足。說英語的和沒有特殊需求的學生家長則質疑是否真的有任何問題存在。有些人相信ELL孩子的失敗是可以預期的；也有很多家長不滿經費從他們孩子身上被「轉移」到服務這些特殊教育群體。一個「公民資優教育」聯盟也出現了，要求重視他們孩子的需要。

- **社區**：企業老闆抱怨說，他的職員缺乏必要的技能，特別是計算和英語溝通能力。他簡單的說：「在培訓未來的人才方面，學校並沒有做好他們的工作。」

- **教師**：一般教育的教師抱怨說，學生就是不能做好學習工作。他們歸咎於學習障礙、情緒問題，還有家長未能充分參與孩子的學習。ELL 的教師則將問題分為三種類型：對教師過分要求而專業培訓卻不足、教材及教學方案不恰當，或是學生在家裡缺乏家庭的支持。
- **學生**：學習障礙學生，不論造成的原因為何都感到挫折，而且時常會表現出挫折感。幾乎所有的學生也同時感受到教師的挫折。

李校長懷疑這些觀點是否都充分地被認知或準確地辨識問題。李校長告訴這個團隊：「這讓我想起蘇菲的比喻，一個人發現他的鄰居在一盞路燈下尋找他遺失的鑰匙，不是因為那是他遺失鑰匙的地方，而是因為那裡有光線照射。我們每個人都只看到我們看得到的地方。」

因為馬歇爾現在有許多形式的數據資料，李校長提醒他們，可以關注更多領域，且更仔細地去看學生的學習到底發生了什麼問題。這表示該團隊首先確立了「事實」，是李校長引發了這個歷程。以下的訊息就是從現存的數據資料和其他的文件中揭露出來的：

- 在 SCA 測驗中，所有年級的 ELL 學生都沒有展現出對於數學和科學的精熟度。
- 教師採用的馬歇爾進步評量（MAP）顯示，參加ELL不到一年的學生，在ELA測驗中的閱讀和數學科都不及格，此外，很多普通教育的學生在這些領域也同樣學得很痛苦。
- 馬歇爾七年級和八年級的數學和科學課程必須配合大量的內容領域的閱讀。
- MAP也顯示很多七年級和八年級的學生在閱讀方面也有困難。具體來說，MAP 顯示某些 ELA 的技能——理解能力、連貫能力和處理能力——是有問題的。

- 七年級和八年級有極高（18%）的特殊教育需求轉介率。轉介的學生當中有很多以前是 ELL 學生。
- 教師協助團隊的紀錄載明，轉介的學生主要是關於閱讀或行為的問題。
- 有行為問題的學生在閱讀上也有困難。

團隊的探究指出，貧乏的閱讀技巧就是問題的根源。然而李校長知道，將實踐的問題停留在一般的閱讀定義上，並不足以建立有效的行動計畫。「僅僅提供閱讀補救措施不是一個正確的方式；需要的不只是臨時的解決方式。我們需要確定問題的來源。為什麼我們的孩子不能閱讀？」這個小組指出：馬歇爾中學的學生在核心科目，以及可能在行為上有困擾，是因為他們沒有掌握閱讀的技巧。這個小組也判斷這是個值得注意的問題，因為閱讀會影響學生的學習，要為學生尋求公平和正義的教學成果，不但涉及認知層面，也涉及更多的情感層面。

現在，馬歇爾的教師得接受這是他們的問題，而且要承擔提升學生閱讀能力的責任。於是，李校長鼓勵該團隊進一步探討，將目光關注到教室及教學實踐當中。為此，團隊意識到這個作法的局限性——他們發現所有教師必須同舟共濟。該團隊決定呈現這個訊息，讓所有人都能分享並接受這個實踐的問題。

探究行動循環步驟二：接受問題

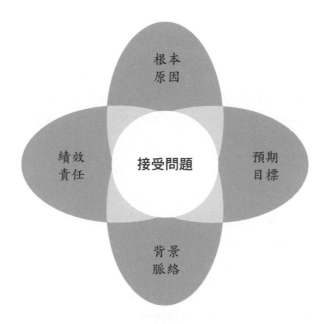

馬歇爾中學的教師之所以願意探討這個問題，亦即學生在核心科目，以及可能在行為上有困擾，是因為他們沒有掌握閱讀的技巧，是因為這樣的情況每天都在他們的教室上演。大家都一致認為這個問題是真實存在，許多人也公開承認，他們已經放棄嘗試去滿足學生的閱讀需求──而且也已轉介學生尋求教室以外的協助。從本質上來說，教師們已經放棄了責任。李校長知道要解決這個問題，教師需要重新擔負起責任，解決自己的教學問題。李校長要求進入班級訪視的志願者；教師可以志願接受校長或同事訪視他們的班級教學；訪視者將會觀察以及將師生間的對話盡可能寫下紀錄。至少有十幾位教師志願參加，同時至少也有這麼多的班級接受觀察。志願的教師帶著他們的觀察紀錄到接下來的教師會議中，李校長協助

他們討論他們看到了什麼。

　　觀察的結果證實了有很多學生不能達到預期的閱讀水準。因此，轉介到特殊教育的機率很高，而且ELL的學生成績比較差，這些問題都是因為同樣的問題根源：識字率和閱讀準備低落。但是，教師們不禁要問：為什麼？大部分的教師並不訝異於觀察員沒有看到教師在教學過程中對學生協助上的差異，個體的不同需求未被診斷和處理。他們對學生的幫助都是重複的教學形式，或是更多的練習——機械式練習和扼殺學生的作法。就算有些學生顯然無法了解教材的意義，教師們仍一成不變地遵循現有的教材，不斷催促往前以達教學進度。雖然教師們經常運用他們的MAP，但他們卻很少使用這個結果去修正他們的教學、從另一個角度去教學，或是讓一些學生有更多的時間，抑或是建立一個短期的補救教學策略。以至於在一個概念或作業上學不好的學生，在後續的課程中仍持續地痛苦掙扎。

　　儘管學區課程與州立標準是一致的，但仍然有為數不少的教師群，他們仍然「做他們自己的事」。例如，有一個觀察七年級科學課的教師報告說：「『該名教師』的教學內容全部是礦物。我問他原因。他說：『是啊！我大學的時候就做這件事，我喜歡礦物。而另一個在樓下的傢伙都上寶石，因為他喜歡研究寶石。』」其他人也報告了類似的經驗，教師們承認每當他們感覺他們可以擺脫所謂的「標準化約束」時，他們的教學就進入自己的興趣當中。

　　老師們的對話轉為解釋以及合理化教學問題：

- 完成教材進度的壓力以及要求。（當我們必須包辦所有要測驗的教材時，我們要怎樣花時間去做教材的評估和修改呢？）
- 不恰當且不足夠的專業發展。（如果孩子根本已經不懂了，我真的不知道怎麼去進一步教導他們理解等等。）
- 無效的專業發展培訓。（我參加了閱讀內容的研習，某位「大師」

呢呢喃喃說了一個小時，然後要我們分組使用他的教案，真是浪費時間！）

• 太多優先事項。（每件事情看起來都很重要——我不只是教學而已，我不能做完所有的事情，我只能每件事情做一點點。）

• 像臨時急就章的方案與介入措施。（為了學生這麼多不同的需要，而有那麼多不同的方案——我只好放棄他們，而將孩子轉介到特殊教育，以便他們可以獲得額外的協助。）

不久這樣的論調變成普遍，每一個教師都感覺到沒有做好教學準備：

• 馬歇爾中學這裡充滿挑戰；有一些家庭世代居住在這裡——還有許多新移民。我真的很想看到這些新移民孩子們能趕上進度，但是我從來沒有學過李校長談到的這些教學方法。我的意思是說，差別化**看起來**大概是什麼樣子？當我們被告知我們的挑戰是「管理異質性學生」時，李校長的意思是什麼？

• 我想我們有更多學習障礙的孩子，但是現在我看到，他們很多從來都沒有學習過基本的閱讀和英語會話。我猜想那影響了他們所有的學習——以及他們的行為表現。如果因為我不知道發生了什麼事，而無法參與課堂活動，我也會覺得很無聊並表現出來。不是他們做錯了某件事而處罰孩子，似乎是不公平的。

• 但是，我也看到一些孩子因為負面的因素而感到厭煩。馬歇爾有一些真的非常有天分的學生——在我們所有的方案中——他們在閱讀上已經表現得很不錯了。有一些孩子很快就學會了，我們必須確定我們沒有忽略他們。

李校長用以下這些話來總結教師們表面上的接受：

> 我們身在馬歇爾中學，擔負起協助學生的責任，幫助我們的
> 學生，根據每個人的能力學習到最好的程度。到他們八年級離開
> 我們的時候，我們期望學生們都能解碼、理解、連貫、處理、解
> 決問題，並且能將這些技能應用到所有核心科目的學習上。這表
> 示有些學生能迅速符合我們的課程標準持續前進，而有一些則需
> 要我們額外的特別協助。我們必須去診斷其需求、進行差異化教
> 學、監測進步情況，並做檢查與調整。我們必須確認我們的課程
> 和相應的教學方式符合我們學生的目標。要做到所有這些事，我
> 們可能需要專業發展，以加強教師提供適當教學方法的能力。

探究行動循環步驟三：行動理論

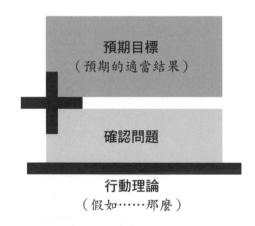

預期目標
（預期的適當結果）

確認問題

行動理論
（假如……那麼）

　　為了減少將學生轉介到特殊教育系統去，馬歇爾中學的教師們努力提
升學生在ELA、數學和科學等方面的學習。現在他們了解到要減少特殊需
求的學生，他們應該培養學生的閱讀技巧。他們期望所有的學生都能理解

其閱讀的內容，進而在各個科目的學習上產生作用，不再需要特殊教育中的個別化教育計畫（IEPs）。於是，教師的預期目標轉變成改進閱讀能力和理解能力。教師們確定並且接受這個實踐問題，也就是學生們有不同的技能和學習需求，以及目前的教學方法無法滿足這些多種需求。雖然可以透過 MAP 取得數據資料，不過教師們通常不知道如何利用這些評量資料去診斷、設計或修正他們的教學方法。教師們需要的是緊扣其學科及課堂活動，持續性和支持性的專業發展。

簡單的說，ELL 和一般教育的教師都意識到，依據學生的個別閱讀需求來選擇其教學策略，孩子們才能學會所需的技能，在各個學科有所進展，最終能提高學業成績和降低特殊教育轉介率。而不僅是將學生進一步分類，以補救介入措施或致力於調整班級結構（這兩者往往只是短期的解決辦法）來降低特殊教育學生轉介率。這種探究行動是致力於教師的學習和改進教學作法上，不是花費資源在特殊群體的補救上，而是將資源建立所有教師教導閱讀的能力上，包括直接發展閱讀技巧和間接改善學生在學科內的閱讀理解力。這些教學方法上的積極性改變，將引發學生表現上的提升，不但降低特殊需求學生的轉介率，也提升了學生學習表現。

連接預期目標和確認問題將產生「行動理論」：

預期目標	透過建立閱讀技巧和理解力，提升各種不同學生在英語、數學和科學的學習情況，並減少特殊教育的轉介率。
確認問題	當前的教學作法並未滿足我們多樣化及多數學生（尤其是 ELL 和那些最近剛退出 ELL 方案的學生）的需求，以建立閱讀技巧並在學科內運用這些技巧。教師們不知道如何使用診斷的評量資料，去設計或修改為適當的教學策略，以符合各種不同的需求。
行動理論	假如馬歇爾中學的教師建立了診斷學生在閱讀和數學方面學習需求的能力，接著修正教學方法以及實施適當的策略去符應這些需求，那麼學生的閱讀能力就會提高，同時轉介率也會降低。

探究行動循環步驟四：採取行動

　　有了一套闡述明確的行動理論，學校社群即將採用此一理論。採取行動意指將行動理論論述中的假如予以實行——在這個情況下，係指建立教師在學生閱讀的學習需求上之診斷能力，如此一來，他們能夠（而且真的）去修改他們的教學並實施適當的策略（最佳作法），以滿足學生需求。採取行動始於密集有效的專業發展，在閱讀教學上同時使用診斷工具及獨特的教學策略。李校長知道僅僅提供教師培訓並不能保證改進教學，他敏銳地意識到，大部分打著「專業發展」名號的研習都無效——許多一次式的在職研習與教師教學根本離題甚遠。因此，李校長致力於年級社群的迷你式探究行動循環，確認教師的教學需求，並提出滿足這些需求的最佳方式。透過這些探究行動循環，教師們意識到他們需要改進課堂評量技能，以便發現學生學習問題，去教學生詞彙的發展、認識文字、理解和整篇閱讀。例如在閱讀理解的領域，八年級的教師選擇著重在中心思想的概念、原因和影響、摘要，以及推理。教師社群決定側重在課程的關鍵部分，並輔以補充式的教學策略。所以他們要求教學指導員跟教師進行分組探究工作，進行為期三週的定期研習。在李校長的協助下，他們找到兩位閱讀指導員／顧問，能長期進駐學校，以確保行動的連續性和避免混淆或

相互矛盾的情形。

　　這些教學指導員前來參與會議並和教師們互動已成為例行公事。李校長看到他們在課堂上演示、示範教學策略或觀察教師們使用策略的情形，在教師辦公室評論教師使用的策略，或是和教師探討最佳課室管理的方式，或解決某個學習問題。李校長經常發現指導員在課堂上或課後與教師進行一對一的對話，他將指導員融入教師教學的情形，作為行動理論被確實運用的一個指標。

　　為了要有成效，行動是反覆進行的，伴隨著發現或行動的反省（Schon, 1983）。也就是說，在教學時，教師要學會去問有關於他們行動上的問題，並尋求這些問題的立即回饋——行動研究的一種形式。教學顧問針對他們不同的問題進行指導：

- 一旦我確認學生在學習方面的需要，我是否知道最好的作法，以滿足這些需求？這些作法看起來如何？
- 我是否在使用這些策略？何時及跟誰？
- 我選擇在課堂上做什麼？我要我的學生做什麼？
- 我的學生如何回應我的行動和要求呢？
- 他們真正學到什麼？

　　這種採取行動的過程建立了教師能動性（teacher agency），也就是，讓教學情境獨創性、意義化，結合教師行動和學生表現。在採取行動階段，李校長主要是扮演一個支持教師能動性的角色。這個角色包括確保教師知道最佳作法是什麼、看起來如何、知道如何在自己的教室使用，培育一個可以承擔教學風險的環境，以及 David Cohen（1988）所謂的冒險教學。要讓行動能夠發生，校長要分配必要的資源，提供教師額外的專業發展和滿足學生學習教材的需求。例如，當指導員介紹新的策略，且馬歇爾

的教師開始實施學到的策略，他們發現他們需要更多的書籍以進行分級閱讀，而且六年級和七年級的科學課本，對大部分的學生而言並不符合其可接受的程度──在ELL班級中使用的課本尤其是如此。李校長必須調整預算分配，以購買這些關鍵性的教材。有了這些新教材，教師們改變了行動，更能充分地配合行動理論。因此，行動實踐導致發現，發現又進一步導致行動實踐。然而，李校長也的確注意到，若干重要問題仍然沒有答案：例如，這些教學變革改變了學生哪些方面的學習？評量的時刻已經來臨。

探究行動循環步驟五：評估成效

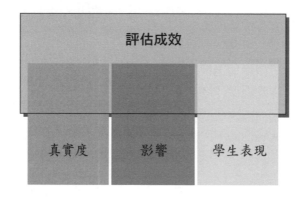

如同李校長不斷說明的，行動和探究是攜手並進的。既然現在馬歇爾的教師已經採取行動，下一步就是回去探索評估的形式。首先，教師們（對於評估一詞向來是小心謹慎的）詢問：「什麼是評估？誰將被評估？為什麼呢？」回答時，李校長界定評估為「對於執行（或未執行）的結構性檢視。為此，我們需要同時考慮評估過程和結果。而且，評估結果必須以公認的標準來判斷。我們運用我們所學到的去改進未來的實踐」。李校

長重申：「這是正確的事情，這也是專業人士所做的——他們探究、他們行動、他們重新探究並重新行動——為了讓一切更好。」

李校長描述有意義及聚焦性的評估是如何透過系統性蒐集某方案的過程、產物、特色、影響，或結果的資料——意指他們利用已蒐集（可能將繼續蒐集）的資料以達成新的目的。在這個情況下，這些評量資料將用來回答有關教師專業發展，以及在教室中運用教學策略的優點和價值的問題。他們還會用這些資料來回答有關學生學習成果的問題。

李校長知道評估要從一個有效的探索轉變到教學改善的過程，教師以外的學校社群必須一起參與。對此有興趣的家長和社區人士被邀請來參加公開的會議，也就是教學評估的論壇。這樣的對話產生了一個共識，亦即對於馬歇爾的社群而言，評估包括以下要素：

- 它是一個持續的探究過程。
- 它對於決策是必要的。
- 它以改善學生、教師和社群的生活及工作為宗旨。
- 它是參與性的，需要跨越社群觀點進行分析與解釋。
- 它產生的資訊將用於改進教學。
- 它是一個持續且重複的循環。

總之，這個社群同意評估是一個組織學習和變革的工具。評估活動發生在各個年級、各個教學團體和個人。教師們問了一些重要的問題：

- 我們想知道什麼？為什麼？（目的）
- 我們將如何知道？（標準）
- 誰在乎？（觀眾）

　　李校長和教師們想知道的是：提升教學的努力是否奏效了？他們明白
這個問題的答案可分為三類：真實度、影響和學生表現。首先，真實度的
問題是：教師是否曾受過最佳的教學培訓？他們真的把所學到的專業知能
運用在課堂上嗎？其中一位教師提到評估這部分的重要性：「我記得在研
究所時讀到一篇文章，有一個『O夫人』自以為她是一個獨特的數學方案
之后。她被吹捧為是那種教學法的專家。但是當專家們觀察她，他們看到
她真的只是在做自己的事——其實她的革新根本就不算是革新。」（見Co-
hen, 1990）

　　為了要發現教師是否能真實地執行最佳的實踐作法，他們一致同意，
李校長應該安排幾天進行簡短的課堂教學巡視，之後再與被觀察的教師做
教學回饋報告。教師本身希望知道，「我實際上在做的是什麼？它跟所教
給我的比較起來如何？指導員曾跟我一起工作，但現在他們都不在我的課
堂上，我仍然有在做嗎？」

　　在課堂教學巡視後的第一天，李校長有點沮喪。校長本來期望能看到
診斷學生需求，並透過教師的形成性評量而產生的異質化教學，但結果顯
然是「有很多不同的教法，但沒有太多異質化的教學」。然而，教師為了
改善教學，李校長的發現被融入持續的探究循環中。因此，回饋啟發了實
踐作法，隨著李校長持續進行教學巡視，教師忠實地在教室裡運用最佳的
實踐作法，也變成教室中的常態了。

　　接下來的問題集中在影響：學生真正在做什麼？要如何達到我的教學
目標？我要如何繼續改變和改善我的教學以回應我所看到的學生行為？為
了確保他們蒐集了足夠的相關數據來分析對於學生學習的影響，教師用了
幾種方法來探討這些問題。他們用簡短的反思日誌記錄他們的實踐作法；
他們召開小組會議以研究學生的作業；他們安排同儕觀察。某個小組在看
完八年級的科學作業之後產生一段對話：

瑪莎：我想我不曾看過如此精心設計的作業——看看這些孩子是
　　　如何製作出錄影帶，建置部落格，甚至一個互動式網站。

喬伊：我印象很深刻。這些孩子投入很多的時間和精力。

艾蓓：我想你說的對。但是——他們學到了什麼？是的，這些作
　　　業顯示他們知道如何做出這些技術性的東西——而且它們
　　　也相當炫。但那是我的目的嗎？——證明他們有能力創造
　　　影像等等？不，我希望他們告訴我，他們學到了重量和質
　　　量之間的關係。你在這些作業有看到嗎？我不這麼認為。

在另一項學生作業的檢查中，六年級通識教育的教師們看著按照學生差異所分派的作業，這個混合式的班級包括之前ELL的學生、有輕度學習障礙的孩子，以及以英語為母語的學生。他們讚揚由ELL學生所完成的作業，並注意到分配給每個孩子適當水準的作業。但是，好幾個學習障礙（learning disabilities, LD）的孩子仍在跟他們的作業奮戰。教師們隨後的對話就考慮到多種修正或可能的介入措施。他們提議跟李校長商量在這個班級中增加一位教學助理人員。

如同許多教師在評估影響方面的經驗，這些教師社群了解他們的教學活動（當「忠實地採用最佳的實踐作法」時）所產生的影響，並非他們所預期的。這個探索過程帶領他們回到他們的教學實踐，並讓他們知道，自己可能需要修正哪些方法或做進一步的學習。

最後是對學生表現進行評估：它奏效了嗎？學生是否已經達到課程的目標及目的？李校長、教師們，以及學校改善小組一致認為：SCA和MAP是適當的評量方法，MAP的數據顯示 ELL 學生在閱讀技巧上有所增長，並且似乎正運用這些技巧在數學和科學上。由於他們還沒有今年SCA的分數，所以這個評估的問題還得再等等。然而，由 MAP 的數據結果來看，他們抱持樂觀的期待。

探究行動循環步驟六：雙環學習

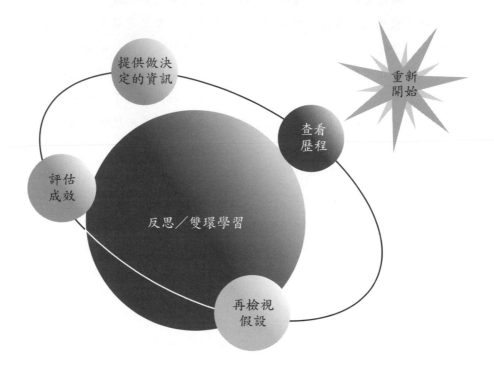

　　馬歇爾中學的學校社群已經走完這個合作探究行動循環。最後一步類
似於第一步；反思可用來再度啟動這個循環。李校長建議他們舉行反思座
談會，所以，全體教職員工以及有興趣的社群人士和家長再次齊聚一堂。
這一次，校長甚至找來在前次聚會中未出席的家長。李校長確定ELL孩子
及身心障礙學生的家長，以及高成就者的家長均能出席，同時包含那些未
被歸類族群的家長。

　　李校長在座談會一開始提醒與會者，這個探究歷程始於關注：馬歇爾
的學生，在核心科目及可能在行為上有困擾，是因為他們沒有掌握閱讀的

技巧。較早之前，學校的改善團隊針對這個關注點，提出的目標為：藉由建立閱讀技能和理解能力，來改善不同學生族群在 ELA、數學、科學的學習情形，並且減少特殊教育的轉介率。

接著，參與者再提出實踐的問題。他們認為目前的教學實踐沒有滿足學生多樣化和多重的需求，特別是 ELL 的學生，和那些最近退出 ELL 課程的學生，使他們建立閱讀技能，並將這些技能應用到其他內容的學習領域中。教師們不知道如何使用診斷的評量資料，去設計或修改為適當的教學策略，以符合各種不同的需求。他們的行動理論如下：

> 假如馬歇爾中學的老師建立了診斷學生在閱讀和數學方面學習需求的能力，接著修正教學方法以及實施適當的策略去符應這些需求，那麼學生的閱讀將能改善所有領域。學業成績就會提高，同時特殊教育轉介率也會降低。

與會者的共識顯示對於這個問題的接受態度，所以現在的挑戰是去回顧經驗，並重新檢查從行動中以及評估在這些行動中學到什麼。教師的能力是否增加，以滿足他們教室中學生的個別需求？專業發展是否使他們擁有診斷技能，以及一種教學策略，能使他們的教學異質化？他們是否將新的知識和技能運用在教學上？學生如何回應？學生的表現是否有所改變？教師能從學生的反應中繼續修正其教學嗎？馬歇爾中學的改變有改進教學和學習嗎？正如一位教師簡潔地問道：「真正造成不同的是：我實際在做什麼？結果是什麼？而我對於這些結果怎麼處理？」

座談會中出現幾種對話：

- 並非所有的教師都參與了教學指導訓練；並非所有的教師都使用這些教學策略；並非所有的教室都有材料和資源可進行多樣化的教學

策略。

- 曾與指導員一起工作的部分教師，雖然嘗試了一些教學策略，但並沒有夠長的時間以觀察學生學習表現上的改變。

- 轉介到特殊教育的學生人數正在下降，但只有在某些班級、某些類別的學生。這些教學策略並非對所有的學生都管用，也並非所有的教師都已經學會異質化的教學策略。

- ELL 教師反應他們的學生在閱讀學科領域的技能有顯著進展。而一般教育教師的班級，其中含有之前 ELL 的學生，他們覺得更有自信去滿足這些學生的需要。

- 教師間的互動包括許多合作的情況、同儕指導、教材交流，以及彼此傳授新的教學策略。

李校長總結了這些對話：

我們仍然有很長的路要走。我們可能需要更多的指導——尤其是後續行動，以維持我們改變的實踐作法。我們需要更多的教材。是的，我們也需要持續的意願和能力。但我看到有更多的教師承擔起這些實踐問題的責任，並且將解決方案視為己任。教師們正在做選擇，而他們的實踐作法將深深地吸引他們的學生。在我看來，馬歇爾中學現在是一個學習的組織。因此，我們可以再次確認我們的實踐問題。這個議題現在不再是建立能力，而是執行和維持我們已經開始的探究與行動。

本章總結

在第三、四和五章，我們提供了合作探究行動循環的實例。這些例子

中有三個議題，按邏輯且真實的次序呈現，這個次序可能發生在任何一所持續提升的學校：連貫和一致性的課程、有效的評估和教學實踐。由於這個歷程是合作式的，如果沒有一個強而有力的校長領導，協助並將學校的工作聚焦，緩衝並溝通學校周邊廣泛和複雜的環境，這一切是不太可能發生的。下一章將檢視這些角色，他們對於一個正常運作的合作探究行動循環是不可或缺的。

▶▶ 反思與討論

1. 在你的學校中，教學實踐的作法是如何被討論的？
   - 什麼時間被預留來討論教學？這個時間是否受到尊重、支持與關注？
   - 學校行政如何監督教學實踐？

2. 你的學校存在哪些有效和有意義的專業發展機會？
   - 它們是如何確定的？如何配合教師的教學改進需求？
   - 有哪些證據可以發現這些有效和有意義的專業發展機會？

3. 教學實踐有沒有連結到學區的課程？如果有，如何進行？如果沒有，要如何讓它發生？

4. 教學方法和策略是根據學校多元的資料做修改的嗎？如果是，如何進行？如果不是，要如何讓它發生？

5. 運用合作行動—探索—行動循環，來創造、檢視或修正學校教學計畫。
   - 哪些是你實踐的問題？你怎麼知道這些是問題？你可以從哪些相關團體獲得資訊？
   - 你的行動改進計畫的問題接受度如何？
   - 在你的學校中，行動理論會是什麼？

- 你的行動改進計畫如何在學校採取行動？你發現了什麼訊息？你實行行動的計畫為何？

- 你如何評估你所做的？你的評估工具以及真實度、影響和學生表現的標準為何？

- 你如何確保你行動的過程是經過反思的？評估系統可能由於這個過程，而做了哪些方面的改變？

III
PART

讓變革發生

Making It Happen

CHAPTER 6

具備探究意識及
行動導向的校長角色

　　李校長在馬歇爾的第一年即將接近尾聲。學校已經產生許多的變革
——改變教與學，同時也改變人們彼此間的互動方式。大部分的教師成員
對於學生的需求都能應付自如，並能充分運用在專業發展活動中學會的教
學策略。教師之間或教師與學生討論教與學的問題是司空見慣的景象。教
師們較以往更常尋求資源計畫彼此分享，以及共同解決問題。

　　所以，李校長開始想知道到底發生了什麼事？合作探究行動歷程似乎
正在馬歇爾扎根。教與學在持續進行的循環中奠定深厚的基礎，已經變成
「在我們這裡做事情的方式」。任何人處理學校問題或議題，很少是單打
獨鬥的或是工具性的——也就是說，只有沿用單環學習而已。取而代之的
是，教師提出實際遭遇到的問題，大家聚在一起共同來探究。李校長認
為，探究在這裡已逐漸扎根，我們並不尋求快速及簡單的解決方式。我們
已經在擴展我們的思考，嘗試不同的構想，甚至勇於冒險。往往，我們以
問題開場，也以問題收場——只不過是不同的問題罷了。

　　李校長認為，有一點是很清楚的，我並不是獨自一個人在工作。我們
開始像真實的社會般運作，我們將事情搬上檯面——彼此承諾務必產生大
家都能認同的解決方案。如同西莉亞（一位自然科教師）在 e-mail 中所提
到的：「我從來不曾如此涉入學校教學的核心。我覺得我們有一個清楚的

教學目標以及評量工具。最後，我是真的在教學。謝謝您讓這件事發生。」但我是如何讓這件事發生的？我的角色為何？或者，更正確的說法，我的角色有哪些？

李校長認為，校長不是只有一種角色——我一直戴著不同的帽子才能讓大家走到這麼遠的地方。但是事實上，我要說我的責任在於確保我們真的一起探究、一起行動。以這個角度而言，我有兩種主要的角色：**協助者與聚焦者、緩衝者與搭橋者**。一種是內部的；另外一種是外部驅動的。我促使合作探究行動的循環；我讓它聚焦在教與學，以及良好的學生表現上面，這些學生表現又進一步導引學生的整體發展。我緩衝外界的壓力，使團隊不受干擾，不致減損教與學的目的。同時，我也扮演畛域間的橋梁角色——將教師們與學校連結起來，將學校與社區結合在一起。

以今天來說，我加入六年級數學團隊，修改他們的形成性評量方式——我把那叫作協助。康戴斯及瑪寇認為在學習的每一段期間就需要有學生的表現資料，當我支持他們的想法時，我又做了一次協助。我每天都做許多這樣子的事情。當安迪提出「容易管理」作為任何考試的首要標準時，我提醒團隊他們教與學的目標也同等重要。我支持班尼塔多元評量的請求，讓它可用於 ELL 群體。所以我不只協助同時也負責聚焦。

校長的角色是多重的，為了協助與聚焦這個探究行動歷程，我需要扮演團隊會議之外的其他角色。我今天在教室裡花了許多時間，不只為了監督——那只是我在教室裡所做的一部分。佩特拉在指導 ELL 學生的自然科閱讀理解方面一直有困難，所以我觀察了一段課程。然後，當學生在活動時，我們談論了我所看到的，以及她也許可以調整的部分。於是，在某種程度上，我是位研究者，與教師們一起蒐集及解讀資料。我希望佩特拉將我視為她的諍友，提出實際的問題，而不只是她的監督者。我又再次擔任數學科的研究者。我們已經知道有一些次群體對於教材無法熟習，但我們並不知道問題在哪。所以我參觀了一個班級以便對於我們將需要什麼樣的

資料有個概念。回到辦公室，我要求找出馬歇爾進步評量（MAP）分數中，數學科成績的毛病。跟著數學科團隊，在探究行動的歷程中，我們分析這些資料。我也指示團隊與康戴斯及瑪寇會面，以這些資料為基礎討論改進的新策略。校長的角色是非常多重的。

我的一天大部分是被不在學校工作的人所填滿的——今天我也是如此充當緩衝者與搭橋者。資優家長組織的會長很早就來學校討論一個計畫，想要用教育基金會的錢來開辦一個課後方案。然後，這群家長以及想在學區開辦一所雙語特許學校的社區人士便與我們的語言協調員和我會面，因為他們相信這個特許學校需要馬歇爾校方人員的大力支持。他們強烈表示特許學校的存在也將使我們受惠，因為，正如同他們所說的，我們現在並未充分服務到所有的學生。他們說他們將填補這個空隙。法藍和我在電話中談了兩次；他想要針對近日內學校氣氛調查的結果向董事會報告。我很驚訝我們竟然接觸得如此頻繁——不是透過會面，就是透過電話或電子郵件。

今天我與扶輪社一起共進午餐。如果我希望我們的「寫作工作計畫」獲得本地的支持，我就必須去那裡鼓吹倡導。而明天我也要過去做專題演講，向本地的教育基金會要求資助我們在語言及文學方面的努力，以協助索馬利人翻譯即將消失的書籍。我不會忘記明天要去地區教育服務中心（Regional Education Service Center, RESC）參加董事會議。在那裡，我會宣導鼓吹那些支持我們目標理念的政策及方案——目標理念亦即我們行動的理論。這些時候，我把自己視為行動者。

時間過得很快——只有幾分鐘的時間可以讓我和家人吃頓晚飯，又得準時到校園上大學及研究所的課程。

❖　　　　　　❖　　　　　　❖

　　馬歇爾的教師們已經調整轉變並且採用合作探究行動循環，因為它真的管用；它符合他們的需要，改進他們在教室裡的教學以及學生的學習。與此類似的情況，相關的社區成員也加入了，因為他們看到自己和社區的孩子真的有所受益。常言道，成功孕育成功。在這種情況下，當教育者及社區成員看到他們的努力落實在學生的學習上，他們渴望繼續這個歷程，以尋找下一個實際的問題。但是，為什麼他們一開始就願意投入這個歷程呢？什麼使他們相信這真的有用？

　　要回答這些問題，校長扮演的角色就顯得十分關鍵。一位具有探究意識、行動導向的校長會協助推動這個歷程，並且協助激發教師參與的意願。身為協助者，這個校長也要同時將探究聚焦在實踐上。實踐的焦點毫無疑問地應該放在學校的核心技術：用教學實踐影響學生的學習。焦點放在學習有認知及情感雙方面，以及要培養孩子成為具有生產力的公民。李校長在學校社群間採取一種類似召集人的角色，主要的職責不在於投票，而在於設定議題。對校長而言，議題要帶來關注、帶來必要的支持，以及帶來學校核心技術的資源；也就是說，協助並聚焦在教學方面。為了讓學校社群專注在重要的事情上，一位具有探究意識、行動導向的校長也同時是緩衝者及搭橋者。這意味著像李校長這樣的校長，得運用他們教育系統的知識及社群的力量，來保護並支持這個核心技術；同時，他們得跨越疆界，轉化學校之外發生的事情並且宣揚學校內部的事情。這些校長知道這些複雜的雙重角色，能讓教師及其他成員專注在他們努力的事情上面，在面對困境及使人分心的情境時，能保持熱忱，並能獲得持續改進的資源。這一章將詳細介紹一位具有探究意識、行動導向的校長，在協助、聚焦、緩衝及搭橋溝通等方面到底做了哪些事情。

協助者與聚焦者

在一個成功的合作探究行動循環中，教師們必須勇於承擔其教學的所有權及相關的挑戰——同時，這種循環也使得這種所有權成為可能。教學的所有權與教師的領導權是攜手並進的。校長可透過發展一種能夠有效實現合作探究行動循環的文化，來協助教師獲得領導權。因此，校長是協助者與聚焦者，他們創造有利的條件來支持教師及其他職員所進行重要的工作。身為協助者與聚焦者，他們必須統整校內呈現的各式各樣觀點、需求與力量；他們尋求凝聚感。他們形塑並維護一種賦予教師權能的環境；他們提供持續的、有意義的，以及有效的專業發展；他們激勵教師；他們為社群合作的實施創造適當的時間及內容；他們培育一種對所有學生抱持高度期待的文化；他們獎勵並慶祝教學成就；他們分享並塑造有效的實踐模式；他們動員各種資源以改進課程及教學；他們包容多樣的文化觀點；他們招聘多樣化的教師；他們辭退無效能的教師。

卓越的校長施加穩定和持續的壓力在學校目標的中心點上，亦即，教與學的核心技術（見下頁圖）。這些校長在校內及校外都必須協助促進這個重點。協助者與聚焦者要求教育者持續將目光停留在學生的學習以及他們自身的實踐兩個目標上，這並不容易。校長要求教育者馬不停蹄，時常四處看看——往裡面看他們自己的實踐，同時往外看學生學習的成就。因此，身為協助者及聚焦者，他的生活就是透過校長的身分實現以下幾個任務：

- 激勵教師的意願。
- 建立教師的能力。
- 建立合作及參與的決策歷程。

- 做出以研究為基礎且資訊充足的決定。
- 監督、認可、獎勵實踐與學習。

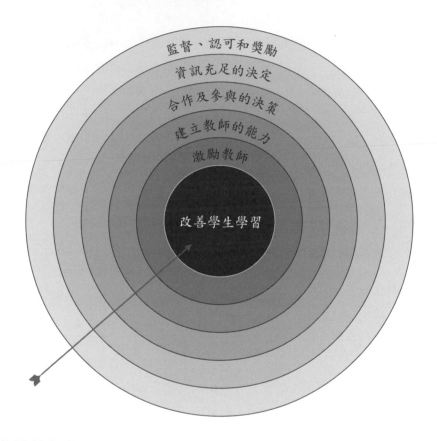

激勵教師的意願

一個人相信什麼,將有助於他做什麼。也就是說,信念涵養行動。然而,反過來也是成立的;亦即,行動涵養信念。因此,一位具有探究意識、行動導向的校長必須建立教師的意識,讓他相信或投入新的實踐方案與建立意願和激勵有關。對校長來說,要激勵教師投入新鮮的、不一樣的實踐方案,他必須先幫助教師建立動力,亦即承擔教學所有權。動力並非

由那些徒勞無益的爭論，要他人產生不同的想法（信念）所構成，因為動力可以透過行動而被發展。具體而言，校長必須催化教學上的變革。Leithwood 與 Steinbach（1991）發現，要刺激這樣的改變，高效能的校長與教師社群得在以下三個議題上一起努力：(1)發展較佳的問題解決方式；(2)激發對教育目標的承諾；(3)培育問題解決的技能。同時，校長必須設法維持教師對於學生學習的關注（Elmore, Peterson, & McCarthy, 1996）。

當教學實踐和學生的學習置於行動的核心，信念不應該被摒除。雖然行動可以轉化信念，但仍然有一些核心信念，所有的教育者都必須展現出來，包括對所有學生的高期待，堅持課程標準，平等的學習機會，以及教育目標的正義性及包容性。在大部分候用校長的職前訓練方案中，激勵教師並不是一個明確被教導的技能。然而，校長們一旦從事這個工作，激勵是校長協助者與聚焦者的角色中很關鍵的一種要素。

建立教師的能力

有效能的領導者投入相當多的時間，以支持教師們加強教學品質方面的努力。他們協助教師建立必要的知識與技能以有效地進行工作；他們建立教師的能力。他們的支援採取多種形式，例如，具備探究意識、行動導向的校長確認教師擁有所有必要的支持（例如：物質資源），以及成為高效能教學者所需的資源（例如：經費上的、科技上的）。他們也引進社會及人力資本，提供新知識來源的途徑，同時確定教師們擁有高品質的機會去擴展、提升，並精進他們的教學技能（Murphy, 2001）。由此可見，教師的專業發展是很重要的，而校長在計畫及進行教師的專業發展上更是扮演一個關鍵性的角色。

專業的發展與學習是一種蘊含在學校內持續的過程。專業的教師會致力於建立並改進自己在課程內容與教學法方面的知識基礎與技能——他們的專門知識。他們尋找持續專業學習與發展的機會，為了他們自己，也為

了整個組織（見 Darling-Hammond & Sykes, 1999）。校長要提供教師與學校需求及教育目標相符合的專業發展機會。

　　許多教師專業發展效能的研究，可以提供給我們有助於教師專業發展經驗的教授內容與方式。比起只有課程與標準的改變，教師的專業發展對於教學的影響更重大（Ball & Cohen, 1999）。具備探究意識與行動導向的校長要能創造專業發展的機會，他們有以下幾點特徵：

- 以教學為中心（Ball & Cohen, 1999）。
- 協同合作（Abdal-Haag, 1998; Ball & Cohen, 1999; Blase & Blase, 1998; Lieberman & Miller, 1999; Little, 1993; Putnam & Borko, 2000; Rosenholtz, 1989）。
- 主題特異性（Ball & Cohen, 1999; Hawley & Valli, 1999; Sykes, 1999; Wilson & Berne, 1999）。
- 定位具體（Joyce & Showers, 1988）。
- 持續的──而非一次式的工作坊（Joyce & Showers, 1988）。

　　根據上述特徵，Porter、Garet、Desimone 與 Birman（2003）發現一致性的實證結果，有效的專業發展經驗有下列特徵：

- 內容聚焦在提升教師內容知識的活動，以及支持學生學習內容的活動。
- 活動時間的持久性，包括參與者花在上面的總時數，連同活動時間的長期性。
- 來自同一所學校、部門或年級的教師，其合作參與活動的程度。
- 活動提供給參與者主動學習的程度。
- 活動的連貫性，也就是說，教師專業發展與其他活動的協調一致

性，以及與適當標準和評量的配合度。

具備探究意識與行動導向的校長，也要能確保教師工作時有適當的引導，使其在專業發展學習到的技能可以融入教學行為中（Berman & McLaughlin, 1978）。透過支持與發展一所學校的情境與文化，讓教師經由合作與相互支援來學習，校長對教師的專業發展發揮了深遠的影響力（Gamoran & Grodsky, 2003）。

最重要的是，有效能的專業發展來自於分析學生的表現。Hawley 與 Valli（2007）表示：「這樣的分析將能確認出教學者所需要學習的，而非想要學習的，一方面使專業發展以學生為中心，同時也增加公眾對於我們運用專業發展資源時的信心。」（p. 120）使教師對於學習機會的內容和設計產生認同，將能提高他們的承諾與動機。因此，想要經由專業發展機會建立能力與意願，需要注意協同合作、參與，以及評量資料的運用等方面。

建立合作及參與的決策歷程

藉由創造合作及參與的決策歷程經驗，具備探究意識與行動導向的校長，協助學校的教師檢驗其在學校的教與學。當投入其中並且能獲得成功的回饋經驗時，教師們便覺得有效果，進而受激勵承擔教學領導者的角色，並成為學校裡積極的參與者。領導者在建立一個相互尊重和參與治理的文化方面發揮了關鍵的作用。他們明白專業教師社群需要資源，因此他們以其獨特地位的優勢，獲得並分配資源，使專業教師社群有了生命（DuFour, Eaker, & DuFour, 2005; Little, 1982a; Printy, 2008）。

研究顯示，學校領導者透過提供基礎的架構，培育一個教師專業學習的氣氛，以支持專業教師社群（Marks & Printy, 2003; Printy, 2008）。這種基礎架構包括提供合理的時間與空間，讓教師彼此討論並做出有意義的決

定。適當的時間（重點在問題內容、資料，以及解決方案；由學校提供時間及空間，並受到全體教職員支持與參與）能夠正式地孕育一個協同並參與的決策歷程，一個有意義、最終也是有效的歷程。提供適當的時間與空間也能培養學校整體的非正式學習（見Little, 1982b; Newmann, King, & Rigdon, 1997; Reeves, 2004; Schmoker, 1999）。一個具備探究意識與行動導向的校長，即運用合作探究行動循環當作學習文化與專業行為的支持架構。

做出以研究為基礎且資訊充足的決定

一份美國教育部（U.S. Department of Education, 2002）的研究報告指出，教育一直「在意識型態及專業共識的基礎上運作。就其本身而言，它受到社會潮流影響，逐漸的進步是來自科學方法的應用、來自系統性的資料蒐集，以及客觀資訊的使用」（p. 48）。回應這樣的說法的是一份很清楚（並且受到認同）的評論，認為針對問題做出的決定「必須來自實徵性數據的發現，同時……有效的方案必須透過提升學生成就的研究」（Massell, 2001, p. 148）。

因此，一個具備探究意識與行動導向的校長，必須成為一個輸入及輸出資料的使用者。輸入性資料包括有關最佳實踐方法的最近研究發現。校長必須對數據很靈敏，確認整個數據群已經完備，確認這份以研究為基礎的實踐法是有益處的，並且確認能否與在地情境脈絡及學校目標相符應。如果這些都確認了，校長才能夠將數據轉換成對教師有意義的資料及知識，並且將教師的實踐行動與之連結。當數據難以應用在實際的教學上時，數據還是能增進我們對教學法及學生學習的知識；所以，數據對教學與學習有一種正面的影響力。

因此，了解如何將原始數據放在情境脈絡中考慮，進而轉換為有用的資訊及教學新知，對於有效能的校長而言是非常重要的（Earl & Katz, 2002; O'Day, 2002; Petrides & Nodine, 2003）。不把數據當作終點價值而已，一

個具備探究意識與行動導向的校長會思索如何將其轉化為知識。Petrides 與 Guiney（2002, p. 1711）指出，一種知識管理架構可以將組織的人力、流程及科技資源整合在一起，它有四個原則：

1. 評估現有可用資訊。
2. 決定哪些資訊有助於做成決策。
3. 在學校的情境脈絡中運作。
4. 評估學校的資訊文化與政策。

這個歷程從以學生成就數據（典型的總結性州評量）為主，逐漸轉移到包含探究和行動的反省歷程。

為了說明知識管理架構比數據的蒐集與應用範圍更廣，我們引用了來自世界衛生組織（World Health Organization, WHO）的一個例子。Choo（2001）分析 1960 年代晚期 WHO 的天花根除方案。他的結論是，這個方案將意識、知識創新以及決策等要素融合在一起，「變成一個解釋、創新以及適應行動的持續循環」（p. 202）。不以輸入的數據為主（亦即疫苗接種的數目），「資訊的蒐集是理解性的，跟所有這個方案的參與者都有相關，包括當地的村民及社區的領導者」（p. 204）。Choo 判定，1977 年索馬利亞天花的滅絕，有效的資訊管理比起藥物本身的科技，才是獲得勝利的主因。最後，這種以歷程導向及文化為中心的方式，將學校內學生的學習數據做進一步的應用。

以數據及證據為基礎的實踐是任何探究循環的核心。校長必須扮演如下關鍵性角色，包括了解並運用數據及研究實踐方案本身，此外，也要幫助其他人運用以證據為基礎或資訊豐富的實踐方案。校長們努力地使用資訊以確認實踐上的問題；他們蒐集多方面的數據群組；他們產生新數據；他們將數據分析並轉換為有意義的資訊；進一步將資訊轉換為能夠被用來

產生科學性的知識；以及教學法的改進；他們評估實踐問題策略的影響；他們重溫過去及現在實踐上的問題。這些校長是分析性知識的建構者。

　　以這個角色而言，以數據為基礎的決策知識是學校校長所有技能的一部分。他們協助教師運用數據以確認個別學生的需要，進而可以修正教學，提供補救教學，分配或重新分配學生到不同的班級或群體，同時找到並改正課程中的缺口。再者，數據亦能被使用在確認教師需要強化他們哪些內容知識或教學技能上——換言之，指引教師專業發展的方向。

　　在回應及監督探究行動循環的工作時，數據能引發全校性的策略計畫及資源分配。數據成為評估政策及方案、發展及改進課程、教學和學習等的資訊。這些數據被用來持續引導改進，所以並不是一個一年期的事件。透過這種探究行動循環，校長鼓勵教師及其他參與者運用多種數據及多種數據來源，以了解學校的優勢及弱勢、設定的優先項目、專注改變所做的努力，同時建立起點行為以監測進步的情形。如此一來，數據的運用成為一種重要的手段，從而創造並支持校內的專業關係，以達到合作的、組織的學習目標。

　　今日的學校領導者一定要有這樣的專業知識，能夠將手邊充斥的數據轉換為有意義的資訊，進而運用這些資訊協助學校的改革實踐上。Wayman 與 Stringfield（2006）描述這種現象為「資料豐富同時資訊匱乏的矛盾情形」（p. 464）。儘管如此，「數據已經為導引全體成員投入計畫提供了現成的媒介。領導者可以透過分佈式領導，以及培養能夠運用數據，有能力、有自信的人才，以擴展探究的基礎」（Earl & Katz, 2002, p. 1020）。具備探究意識與行動導向的校長，能夠透過合作探究行動循環，將數據轉成資訊。反過來說，在一個資訊充沛的環境中，循環本身也協助聚焦在依照數據來處理的議題上，並且激發新知識及行動的發展。

監督、認可、獎勵實踐與學習

　　校長的協助與聚焦也發生在教室裡，當他們關注教與學的實踐時：他們藉由四處走動領導及管理；他們致力於跟教師直接相關的課程與教學法方面的工作；他們與教師分享並示範有效的教學方法；他們監督教育政策與課程標準的實施；他們時常露面；他們聽取學生有關學習方面的意見；他們監督教學；同時他們也配合學校的脈動，採行多重角色使教學領導得以實現。

　　在第一章裡，我們強調從校長行為的後設分析所得的發現，這些行為導致了學校系統性的改變並使學生獲得學習成長。這個後設分析也強調校長情境知覺、能見度、團隊獎勵、監督、評價及肯定的重要性。有效能的校長也展現個人對同仁的興趣，並且讓自己隨時能被找到（Marzano, Waters, & McNulty, 2005）。

　　學校的挑戰就是協助並將注意力放在團體的教與學上面。在個人的學習行動一直都很困難的情形下，講到團體我們通常感到「很奢侈」（Babylonian）（Homans, 1950, p. 4）。在 1927 至 1932 年，Homans 於芝加哥西方電器公司（Western Electric Company）所做的霍桑實驗的研究中，可以看出動機是以活動（工人所做的事情）、情緒（工人感受到的情緒），以及互動（彼此間的關係）為中心。因此，領導者必須關注這三個面向。合作探究行動循環對這些要素的每一個都很注重。

　　協助者及聚焦者注重激發教師的意願，建立教師的能力，建構合作及參與的決策歷程，做出資訊充足的決定，監督、認可並獎勵實踐與學習。然而，單是這個並非成功的祕笈。事實上，這樣的努力假如處在有功能障礙的組織中將會趨緩。

　　Elmore（2003b）認為在紊亂的組織當中，高利害關係的政策無法使組織變得更團結及更有效能：

　　這些高利害利害關係的政策，如果真的有在運作的話，是透過動員各種資源、職位、知識及能力，不過這些並無法讓組織成員更團結及有效能。（p. 288）

　　因為學校大門之外的力量相當強大，我們接下來要探討具備探究意識與行動導向的校長，所需扮演的緩衝者及搭橋者的角色。

緩衝者及搭橋者

　　學校大門外的世界可能同時是正向的及支持的，也可能是負向的或分裂的。學校不應該只有一種社群或是單一的鄰居。如同許多組織，學校是在一個更大的系統環境下運作的：行政區域及其他政府機構和部門、周邊的鄰居及更廣大的社區，以及所有的政治和社會機構。各種各樣的外在系統影響著學校，產生一種「鬆散結合的組織」（Meyer & Rowan, 1991, p. 60）。簡單地說，在學校中，有些要素（通常指管理職能）是緊密相連的，然而其他部分（例如教學和學習）卻是鬆散結合的，在實施時容許有相當的自由度。同時，與校外其他組織的聯繫強度也有差別；有些要求或影響學校不能忽視，而其餘的則能輕易地打折扣。

　　歷史上，透過緩衝外在力量的影響，這種跨系統及系統內聯繫上的鬆散狀態有助於促進內部活動的自由（Thompson, 1967）。然而，日常工作仍然飽受缺乏一致性、核心效率低落、沒有共同的目標及技術之苦。結構及活動缺乏聯繫，使得規則、規章和儀式比起專業及協同的決策、溝通和行動來得更重要（Meyer & Rowan, 1991）。這個觀點強調學校校長在扮演搭橋者及緩衝者的必要性。

　　校長在保護學校內部的人不受負面及分裂性力量影響的同時，他們跨越學校的邊界，引進有價值及必要的資源。因此，在實施探究行動循環

時,校長的關鍵性角色之一,是在系統內及系統間,以及整個群體中進行緩衝及溝通聯繫。當緩衝者與搭橋者的角色取得平衡時(見下圖),一位具備探究意識、行動導向的校長才可以算是成功了。

學校不是一座孤島,不是在孤立中經營的。在所處的環境中管理學校,對校長而言其實就是一種平衡的行動。因為一所學校無法做每一件事情,也無法對外部的所有要求有效地回應,校長必須對學校與其環境脈絡的相互依賴、相互關係,以及互動關係做一些決定。他們運用不同的組織設計策略與他們的社區協調一致,也用策略改變或擴展他們的環境,因此給予學校對於內部所做的事情有一些控制權(Kotter, 1979; Pfeffer & Salan-cik, 1978)。他們也依靠多樣的緩衝策略保護學校免受外部的影響及干擾,因而減少不確定性與相互依賴(Galbraith, 1977; Thompson, 1967)。校長以雙向的方式操作這座橋;他們向外散播訊息,並且將外界的資源帶進來。當內部人員、方案及過程必須受到保護時,他們有時候也會選擇關閉這座橋。

雖然校長、其他的學校領導者以及教師對於學生的教育扮演重要的角色,社區及家庭環境對於學生的學習也有著同等的(也許更大的)影響

力。在社會及家庭對於學生的高度期待下，學校與社區的相互聯繫卻要靠校長們來處理。校長們也將學習過程建立在社區的情境脈絡中──認為學習根源於當地社區的經驗、多樣性以及歷史。校長得擔任環境的領導者，「一方面在學校之外的社區經營；一方面也將社區帶進學校」（Goldring & Sullivan, 1996, p. 207）。

校長對環境的管理可能從與家長、監護人及家庭相關的學校工作開始。漸漸地，來自不同社會階層、種族及民族背景的社區家庭，會帶來相對的價值及文化規範，影響學校的表現。校長們必須尊重並將這些社區家庭跟學校社群結合成一個整體來運作，用這樣的方式經營廣大的社區。他們透過促進家庭參與來溝通聯繫，並對這樣的參與設定合理且可接受的界限作為緩衝（見 Epstein, 2001; Lareau, 2000）。

有效能的學校常被認為能夠提供機會讓家長支持並參與他們孩子的教育（Smith & O'Day, 1991）。校長們希望家長參與，因為對孩子、家庭及學校都有正面的好處，包括學業成就上的好處（見 Henderson, Mapp, Johnson, & Davies, 2007; Hoover-Dempsey & Sandler, 1997）。家長或家庭的參與可以包括以學校為本位的活動，例如出席親師座談會，以及擔任班級義工，同時也包括以家庭為本位的活動，例如幫忙做家事，在家裡和學生共讀並談論學校裡的事情。有一所小學提供了一個組織再造的案例，透過在學校圖書館內增設一個家長圖書館將家長帶入校園。與此類似，許多都市學校會提供一個家長專屬的空間或休息室，讓家長可以在那裡開會、學習事物或獲得不同的資源，或者只是在等待他們孩子時喝杯咖啡，或跟老師談談話。許多學校提供策略性活動，讓家長成為教室當中定期的訪客（例如：每週在教室當中特定的或排定角色的義工機會）。校長們讓家長知道該如何進入學校或跟學校的教師溝通。舉例來說，今天有許多學校的門是上鎖的，僅有少數學校容許無限制進入教室；訪客至少必須在前門辦公室登記進入才行。學校發展電子郵件或手機信箱作為親師溝通的管道，

一方面保護教師的時間；而另一方面仍然鼓勵進入學校的權利。

學校與社區的關係比起學校與家長、監護人及家庭廣大得多。若聲稱學校本身就能夠應付多樣化挑戰，在今天的社會無疑是不智之舉。很少學校有這樣的能力，尤其是在社會及經濟幸福感的重要指標持續下降的情形下。再者，我們所知道的兒童如何學習，使我們想到社區對於教與學應該有更緊密的關聯；在校學習必須連接現實世界中的學習，在現實世界中能被運用的知識才是最有必要的學習（Wehlage, Newmann, & Secada, 1996）。當教育者對於學生身處的非學校環境有較佳的理解時，具有生產力的學校與社區關係才會出現（Bransford, Brown, & Cocking, 2000）。社區不但提供協助學習的架構，他們也形塑並決定學習的價值。

因此，具備探究意識與行動導向的校長們接受並了解校外的情境，以及非學校教師社群的重要性，這些社群塑造學生的認知理解。他們為創造學校即社區、社區即學校的目標而努力，建立真正的連結，一方面將機構與服務帶進學校；另一方面也支持學生在校外社群場地進行的學習活動。要做到平衡，需要採取重塑學校、運用環境，以及減少干擾等策略。

校長所使用的組織再造策略之一是將專業人士帶進學校──但是並不是每一個人，而是正確的人。他們引導服務提供者、青年發展專家及私人機構替學校創造機會，為學生各種各樣的需求提供服務（Manswell Butty, LaPoint, Thomas, & Thompson, 2001）。例如，許多校長與社會服務機構取得聯繫，將服務提供者搬進校園；因此，在許多學校裡時常看到社區健康護士、心理醫生、執法人員、營養諮詢師、驗光師及牙醫師等人的身影。如此一來，有更多的學生願意學習，因為他們覺得安全、吃得好、能夠看清楚黑板，生理及情緒上的需求都獲得滿足。校長採取組織再造策略的另一個地方是在特殊教育的服務方面；支持融合教育的校長經常會針對融合教育教室重新安排課表及教學任務，讓不只一位的專業人士發揮教育功能。

　　即便如此，校長仍然必須建立合理的界限，以保護學習不會被有害的、五花八門及不相干的事情分散了注意力。校長們將重要的事物過濾進來，而將不重要的事物過濾出去。有一位校長談起拒絕氟化物公司提供每日沖洗口腔的事情，每日沖洗口腔是由晨間導師所指導的：「我選擇擔任守門員。把時間花在準備沖洗、沖洗，以及沖洗之後的清潔工作，是將時間花在遠離學習的事情上。有些花時間令人分心的事情是值得的，但是用氟化物來沖洗口腔並不是學生學習的重要事情。」

　　與此相似，校長們透過分配或重新分配資源，緩衝教職員的壓力，使其不受干擾而分心。例如，他們可以選擇把無關教學的工作外包，像午餐或假日值班等工作。有位校長陳述與某臨時機構簽訂合約排定工作的情形，如此一來，輔導人員能專注在與學生直接相關的工作上，而教師也能將全部心力投入在教與學方面。另一位校長則採用不同形式的外包，包括與當地的心理健康機構合作，以減輕學校輔導人員執行工作的負擔，因為有些工作他們並未受過相關的訓練（Militello, Schweid, & Carey, 2008）。這個例子將校長身為緩衝者及搭橋者的要素都結合在一起了。

　　校長們也要巧妙的運用策略替學校宣揚，將教職員及學生的訊息帶到社區中，像是基金會或商業機構。用這種方式可以將學習活動與社區活動結合，例如支持想尋求在他處教學的教師。有一位中學校長協助八年級的團隊與當地的木材廠、五金商店建立合作關係，而木匠也允許學生參與新青年中心製作桌子的實際工作。但是這位校長卻反對到當地歷史景點，進行漫無目的的校外教學活動：「假如孩子們白天離開學校，他們應該是與他們的家人或獨自去學習他們在這裡學不到的東西。校外教學不符合那樣的範疇。」

　　宣揚也意味著重新闡明學校的使命，使它成為強而有力且能夠被帶到基金會或社區的公司，以促進學校的目標或活動，進而獲得社區的支持。透過在公共論壇上的發言或對公民機構的演說，校長發展了社區中關鍵團

體與機構的公民能力（Goldring & Hausman, 2001）。隨之而來的支持可能是象徵性的或是金錢方面的，但任何一種都有助於將某種形式的資源帶進學校。校長尋求各種方式發展並傳播學校圖像，這些圖像影響家長、社區對學校的觀感及認識。這個投射出來的圖像告訴人們：**這就是我們，我們象徵美好，支持我們**。具備探究意識與行動導向的校長運用合作探究行動循環，透過清楚的行動理論，建立這些可以輸出的訊息及圖像。

最後，校長扮演搭橋者與緩衝者的使命，包括宣揚並實施倫理的教育政策，讓教育政策能支持教與學（見 Rallis, Rossman, Cobb, Reagan, & Kuntz, 2008）。校長伸出觸角，以確認外部倡議的政策是為學生及其家庭而服務。他們做出選擇，以保護他們的學校不受盲目的官僚政策所干擾，這些政策總是不斷地從四面八方來到學校：來自國際機構、聯邦政府、各州、各地區，當然還包括當地的習俗。緩衝的校長可能需要調整這些政策，甚或由於校長判斷其不適合或不公義而全盤拒絕。例如，有些校長會選擇調整修正英語語言學習者的規定，以符合當地的情境之後再實施；其他的校長在實施《不讓孩子落後法案》時，則有不同程度的酌情處理情形。

本章總結

本章揭示了一位具備探究意識與行動導向的校長如何透過他的所作所為，將學校社群成員都拉進學校社群的探究循環之中。我們描述並說明這些校長所扮演的角色：他們協助與聚焦；他們緩衝並架起溝通的橋梁。我們在第一種角色中表示，校長應將焦點集中在激發教師的意願及建立教師的能力上；建立合作式及參與的決策歷程，以確保所做的決定是基於研究結果並且是資料充足的，校長同時也要能監督、認可、獎勵實踐與學習。我們提出校長是緩衝者與搭橋者的角色，以作為具備探究意識與行動導向

校長的平衡方案。這個角色必須在學校及社區中：精心形塑一個支持學校教學的環境，亦即高品質的教學環境，公布對於教與學的高度期待，分配或重新分配資源，以確保學生學習安全，打破阻礙學生學習的障礙，提升好老師的地位，提供多樣化的教育機會，戰勝自己的出身。

最後，校長身為協助者與聚焦者、緩衝者與搭橋者，是學校的管家。校長在緩衝方面的努力，保護了學校人員及其工作不受外面的紛亂與壓力所干擾，那些可能會影響或做出偏向特定利益的決定，甚至壓抑了原本在道德上所做的努力；同時，他們在聚焦方面的努力將學校的願景及行動集中在達成公義的目標上。我們看到校長的多元角色不僅是社會地位上的，還是可行的。雖然我們分別描述這些角色，但是他們卻是綜合的並且有重疊之處，認清這些角色可以減少工作的複雜度。校長的協助與搭橋工作，將所有的力量結合成一個連貫的工作整體，整個社群深刻地探究、行動並在合作的行動中反思。要達成合作探究行動循環，這些都是像李校長這樣的校長所必須扮演的角色。

▶▶ 反思與討論

1. 想想你知道的校長，選擇一個實例，說明在本章描述的角色當中，他們所扮演的其中一種角色。
   - 他們做了哪些事情來闡明這個角色？
   - 他們周遭的環境如何？
   - 他們是否得心應手？
   - 為了要更有效能，他們如何用不同的方式扮演這個角色？
2. 你覺得你擅長扮演哪些角色？
3. 你覺得你需要另外發展哪些角色？對於扮演這些角色所需要的技能，你大概會如何進行改善？

4. 在第三、四及五章的結尾有個練習，要你為合作探究行動循環的
   每一個步驟發展細節。請運用其中一種方案，跟其他現任的，或
   是有強烈意願的校長創造一個模擬情境，以便了解在執行這個方
   案時你必須扮演的角色。在模擬情境結束之後，討論需要扮演不
   同角色的時機。

■CHAPTER

7

你可以做到！
實踐合作探究行動循環

　　在李校長所從事的專業活動當中，有一項工作是擔任地區教育服務中心（RESC）的委員。在 6 月的一個會議中，話題轉向李校長和另外兩位校長成功提升學生學業成就的事情上，在這三位校長的領導下，學校最近都被評估為具有極佳的績效，包括州綜合評量（SCA）的分數。在 RESC 擔任董事的丹尼·桑德斯，詢問他們對於學生學習進步的看法：「你們是怎麼做到的？」艾莎·佩翠（一所大型綜合中學的校長）和馬克斯·德魯（一位小學校長）連同李校長做了回應。

　　李校長首先回答：「這端賴合作、探究、行動、反思和更多的探究。這是一個循環。事實上，我一直是將它分解為一個接一個的步驟。我們從確認問題出發，其次我們確定每位相關人士都能接受這個問題。接著，我們確立一個大家都要負責的預期目標，以及我們要達成這個目標的策略——我們稱之為行動理論。那是探究的部分；接下來就是行動。我們學會了不要停滯不前。我們仔細檢查我們的行動，並決定有什麼地方是需要加強或改變的。馬歇爾中學稱之為合作探究行動循環。」

　　艾莎點點頭。「聽起來和我們運用的過程很相似。不過我們不是這樣稱呼它。我們強調最後一個部分，也就是反思——對我們來說，反思意味著思考和執行，所以我想我們談論的是相同的事情。」

「聽起來和我們的方法也很相似。我喜歡你賦予的名稱，因為那的確含括了提升學校表現的全部工作——探究和行動，以及社群的合作。」馬克斯說道。

丹尼問：「這個循環有什麼特別之處？」

李校長答道：「它是合作式的，我們一起攜手工作。」

馬克斯補充說：「它需要我們對於改進教學做出承諾。」

「我們所做的每件事情都是在實踐的基礎上——我們真的在學校中這樣做。」艾莎說。

「學校並不是單獨行動。透過這個循環，我不斷地思考將所有的外在資源吸收進來。」李校長說。

「有一個指引我們的架構是相當重要的。如同李校長所說，這是一個循環，所以它並不是一個規範，而是一個歷程。」

「為了使這個循環順利運作，你必須謹記脈絡背景的重要性。我們學校所經歷的過程和你的歷程可能大異其趣。」馬克斯說：「並不只是因為我的學校是小學，而貴校不是，是學生、家長和社區都有所不同。」

「所以這很容易嗎？」丹尼問。

「某種程度上而言，的確是如此，因為我不需要單打獨鬥。我的教職員、家長們，以及社區民眾經常和我站在同一陣線：確認問題、建立預期目標，以及執行改進策略——然後是評估成效和反思。當我們認為有必要時，我們便重複這個循環。」

「但是說實話，我碰到許多挑戰。」艾莎說：「我必須對這個架構做很多的調整。脈絡環境一直在改變。人們抗拒改變，他們也同樣抗拒反思。」

「我同意。這個循環的運作每次都不一樣。所以我們必須靈活點。」馬克斯說：「教師們也必須靈活。我覺得這個循環的成功，關鍵在於教師能否成為教學領導者。」

艾莎補充說：「我喜歡這個說法：靈活一點。這讓我體認到這個循環對我的學習幫助有多大。我必須當一個終身學習者。假如我不成長，那我要如何去期待其他人呢？這個循環的歷程強迫我經常去檢視與再檢視。我會自問：『這真的有效嗎？我如何知道它發揮效果了？』」

最後，丹尼問：「有沒有什麼是我們可以告訴其他校長的呢？那些有抱負的校長？那些學區領導者？那些教授？還有那些專業發展的諮詢專家？」

「你可以做這個——你可以改進學校內的教與學。」這三位校長同時回答。

❖　　　　　　　　　　❖　　　　　　　　　　❖

在這三所情況好轉的學校當中，教職員和校長所做的，不只是展現他們的學生可以達成的信念而已。他們採取行動來提高學生學習成效。這三所學校都做了很大的調整，並且採取合作探究行動循環，因為這個循環發揮了作用。藉由這個過程，學校教育者採取一種新的思考方法。這些改變是系統性的、持久的，並且是富有教育意義的。

用 Piaget 的術語，他們調整他們的基模（schema），不只是短期認同這些觀念（見 Piaget, 1985）。他們從一個穩定的狀態，歷經失衡，再移動到新的穩定狀態——直到這個過程再度開始。學校社群的成員都是學習者。這個循環大大提升了教師們的「情感、心智與實踐作法」（Elmore, 2003a, p. 204）。想法若改變；作法跟著改變；結果也會改變。

在這本書一開始，我們揭開了偉大校長的迷思，但仍舊主張正向的改變有賴一位具備探究意識與行動導向的校長領導。我們提出合作探究行動循環作為學習與變革的工具。這個循環是一個架構，用來形塑並引導整體且持續不斷的提升教學過程，使之成為學校的文化——**我們這裡做事情的方式**（Bolman & Deal, 2008）。運用這個循環，除了改變正式的結構之外，

還要做更多的改變，像是規範、習慣、技能和信念。這跟組織學習有關，
而組織學習的核心便是組成學校社群、發展探究以及接受挑戰的能力。這
個學習過程之所以有效，是因為這個循環：

- 是合作式的。
- 透過反覆進行的步驟。
- 聚焦在教與學的核心技術。
- 以具體的實踐為基礎。
- 利用社區支持和資源。
- 把教師視為教學領導者。

當然，挑戰一直都存在，阻礙這個循環的開始、維持與實踐。許多挑
戰是來自於不同環境中的不同背景脈絡，也有一些是來自於人們抗拒改變
的天性。

採取的步驟

合作是這個循環的關鍵。要有所改善，校長們不能獨自探究與行動。
校長們要邀請眾人；要廣納百川；要創造參與的機會。他們願意放棄控制
權，讓社群取得參與權與自主權。學校社群可能包含下列任何一個群體：
教師；其他的學校人員；家長；來自地方政府、機構及商業界的人士；當
地基金會；企業家等。合作意味著團隊合作、夥伴關係和策略聯盟；也意
味著協商、調解、妥協，以及其他形式的支援和供給。最重要的是，有效
的團體合作需要能夠產生新思維的對話。透過對話，合作產生學習；學習
者需要「進入一個可以學習、詮釋、探究和知識的社群」（Brown & Du-
guid, 2000, p. 232）。這個循環提供了這樣的學習社群，藉此讓大家共同承

擔行動的責任。正如同李校長所說的：「我認為之所以有所不同，是因為每個人都願意負起責任去達成我們設立的目標、去採取必要的行動。他們將學生學習問題視為自己的問題，而不是抽象的、事不關己的事情。」身為校長，李校長扮演一個讓合作可以順利進行的必要角色——並確保此種合作的探究與行動都達到平衡的狀態。

　　一個具有真實對話的合作關係，才能夠建立起必要的信賴，讓參與者願意彼此敞開心胸，減少行動中的風險。致力於這個循環中的學校社群，會花費很長的寶貴時間在尋找實際存在的問題上；花費的時間是值得的，因為產生的結果就是行動，而不僅僅是空談。當學校社群的成員彼此之間付出越來越多的時間在這個循環時，他們會逐漸形成共識並產生一致的目標。他們也會發現他們的想法受到尊重，不會因為意見不同而受到指責或批判。當不同的觀點和議題被提出來時，會逐漸發展出新的理解。團隊安全感和對於共同目標的互相承諾，成為發展真正的信任關係的堅實基礎，這對於實踐變革以提升教學是十分必要的。

　　這個循環的另一個關鍵在於把重點放在教學的核心技術上，以提升學生學習成效。創新不能淪為學校的次要部分（見 Cohen, 1988）。也就是說，改革必須植基於學校教育的核心技術上——教學與學習。改革如果越遠離學校的核心，效果就越少。「主要的問題在於如何找到可以反映並增強好的教學與學習理論的架構」（Sykes & Elmore, 1988, p. 84），而不是用改革的努力來緩衝並將教學邊緣化。合作探究行動循環就是這樣的結構，會帶著學校向前，致力於改善其教學核心能力的一致性系統。

　　這個循環的力量來自於它可以引發行動。它專注於具體實際的教學目標，而不是某種抽象理念。這個循環可以透過實踐抓住人們，如 Elomre（2002a）所指出的。對話是很好，但有可能一事無成；具備評估成效和反思的行動才能有所進展。正如同馬歇爾中學所證明的，經由這個循環，學校的所有課程緊密結合起來；形成性評量被創造出來、被落實執行，並用

以診斷學生學習問題；教學的策略被擴展並得到改善。學校不需要年復一年建構學校文化；學校需要的是探究和行動，從而依序產生勇於冒險、以標準為基礎的實踐，最後產生一種新的文化。

接下來，學校進步的真正觸發點是良好的教學與學生的動機，而不是懲罰性的績效評量。首先且最重要的是，讓這個循環培育良好的教學；它主要強調教學實踐，並透過專業學習建立教師專業能力，使之成為教育專家。教師成為一位專家，係指擁有並使用一整套知識系統以滿足學生的需求。

這個循環建立教師專業能力，也提供了一個正向的績效責任機制。當缺乏內部自訂的監控績效責任制時，外部的（通常是懲罰性的）機制將會被創造出來以填補這個空缺。而有了這個積極的探究行動循環充分發揮效能，學校社群便可以解釋長處、弱點、成就和改善的努力方向。學校就可以承擔這些應負的責任，平衡內部與外部對於教學與學習的要求。

以反覆的觀點來看，合作探究行動的循環是非常重要的學習。沒有人會固著在一個已確定的序列上，尋找一個已經預先確定的答案。反之，這個循環容許彈性、冒險和犯錯——也容許改進他們自己的錯誤。這個可以看作是學校中「準備、射擊和瞄準」（Fullan, 1993, p. 31）的心理歷程，再度射擊之前有機會再一次瞄準，而這一次有了新知識與更清楚的目標。這個循環支持 Elmore（1979, 1983）的逆向規劃策略，在傳送的層次上，採取從終點開始的方法來進行活動。這種前後來回的活動可以讓人重新確認目標，並且可以知道該從何處著手。這個過程與本書所提及的連續與持久地關注探究與行動是相符合的。舉例來說，這個循環鼓勵馬歇爾中學的全體教師將評量不只視為原始資訊或終點。他們選擇合作並交互地運用這些評量，在開始階段（診斷）、中間階段（形成）、結束階段（總結性判斷），用這樣的方式將探究和行動結合在一起。

如果只靠校長個人單打獨鬥，這個循環不可能有成效；同樣地，學校

也不可能單獨來處理所有的實踐問題。因此，具備探究意識與行動導向的校長要能利用社群的支持和資源才行。他們會向外尋找深植在社區的社群資源，以及那些更接近學生的夥伴關係。如果我們想要改變我們的世界，那學校就必須注意看他們處在什麼樣的世界。猶如學校將社區的孩子帶進來，他們也必須要將社區的資源和支持帶進來——時間、才藝、物質和金錢。如同前面所討論過的，這些校長視學校即社區，以及社區即學校。弔詭的是，往前走的路也許得靠「四處看看」才行（Brown & Duguid, 2000, p. 8）。

四處看看（look around）也必須包括向內看看學校裡最有價值的資源，也就是教師們。因此，這個循環珍視並將榮耀歸諸那些日復一日從事教學和學習工作的人——也就是教師們！參與這個循環讓教師認知到自己是教學領導者，同時也增進了個人的影響力。運用這個循環意味著建立專業能力。教師們身為專家，體會到學習的複雜性之後，他們會進而尋找新的方式去改善知識和技巧，以提供他們的學生更好的服務。他們對持續變動的教育改革目標很有經驗。他們也常常感受到學生們受限於教室，他們的需求並沒有被滿足；所以，他們的工作自然地會擴展到教室以外。此外，教師們擁有技能、專門知識和意願去成為「學校變革」的強大原動力。然而，他們卻不能在教學排名之外找到增能的方法。這個合作探究行動循環，運用了教師的技能、專門知識和經驗，將教師們放在領導者的位置上。Spillane、Halverson 與 Diamond（2001）描述分佈式領導為「一種延伸學校的社會和環境」的實踐作法（p. 23，楷體為原作者強調），這些是深植在活動裡面的。這個循環提供一個途徑，將領導延伸至參與的教師，讓專家教師們針對具體的任務與活動彼此互動。在這裡，教師不用擔任行政職務或是準行政的角色，就可以成為教學領導者。

身為領導者，這些教師在教學與學校的改進上有了一個新的、系統性的優勢地位。當這些教師從孤立的學校結構的「蛋盒」（egg-carton）中走

出來時（Lortie, 1975），他們將會質疑並挑戰那些在教室裡或教室間他們認為沒效率的實務。透過合作探究行動循環，教師們成為「懷抱著某種為了學生的成功與幸福的集體義務，透過問題解決、批判、反思與辯論而發展出某種專業技能」的教學領導者（Little, 2002, p. 46）。這個循環結合了探究意識與行動導向的校長、教師領導者、承諾的家長，以及投入的社區成員等人的力量，為了獲得學校進步而產生了真正的變革。

合作探究行動的挑戰

單是要讓大家互相合作就不是件容易的事。人們抗拒改變和新的觀念；他們也會去避免不舒服或是矛盾的情況。探究行動循環象徵著改變並引進多元的觀念，也帶來潛在的衝突和分歧。所以人們很可能會排斥改變和這個循環中的合作部分。具備探究意識與行動導向的校長們了解這點；他們並不去責怪人們與生而來的這個部分。反之，這種抗拒反應早在他們的意料之中，他們會去創造激勵因子，同時營造支持冒險和建設性異議的一種氛圍。這些校長們都知道，合作探究行動循環強調創新，而合作是接受與主導創新的第一步。他們知道「如果將創新強行加在他人身上，不給機會讓他們吸收消化到他們的經驗中，不讓他們發表意見，不讓他們用自己的詮釋方法調適於他們的工作生活中，他們將會盡全力去抵禦變革」（Marris, 1974, p. 157）。伴隨著探究和行動的真正合作，將會創造出教師變革的意願及能力。

此外，校長們體認到，雖然教師們常常被指責為抗拒改變，但其實那些抗拒只是表面的。更強的阻力通常在於與學校有關的各種社群，所以校長必須建立校外人士合作的意願。為了避免反抗和增加參與感，具備探究意識與行動導向的校長們要努力建構一個具有成功條件的環境。Rogers（2003）提出五種擴展創新的特徵：

1. 相對優勢性——「人們感受到〔合作探究行動循環〕所帶來的創新，比起被取代的舊觀念更好的程度。」（p. 15）

2. 相容性——「人們感受到〔合作探究行動循環〕所帶來的創新，與現存價值、過去經驗，以及採用者需求的一致性程度。」（p. 15）

3. 複雜性——「人們感受到〔合作探究行動循環〕所帶來的創新，被了解與使用的困難程度。」（p. 16）

4. 可檢驗性——「人們感受到〔合作探究行動循環〕所帶來的創新，可被檢驗的程度。」（p. 16）

5. 可觀察性——「〔合作探究行動循環〕創新的結果，可被其他人明顯看到的程度。」（p. 16）

不過，要讓這個循環持續運行，靠純粹的意志和能力並不夠。即使是卓越的校長們也會面臨許多挑戰。為了啟動合作探究行動循環並持續運行，校長們對於學校背景脈絡必須有深刻的體認，尤其是該校獨一無二的背景脈絡。他們要持續回頭討論環境背景和問題的特殊性，反覆考量什麼比較適合，而且為什麼適合。他們扮演多重角色：他們設法將教學重點維持住，並且協助整個過程能夠順利運作；他們緩衝反對的勢力，並且與周遭環境有所聯繫。具備探究意識與行動導向的校長們會激勵學校社群，並且保持彈性，視需要調整並修正這個循環。他們了解每一個循環都是獨一無二的，不僅是對於每一個學校，對每一個問題而言也是如此。

本章總結

長久以來，一個又一個的干預性教育政策，在學校革新中留下印記（Whitehurst, 2009）。我們的合作探究行動循環提供更具包容性和有意義的過程，讓學校社群去選擇最需要的具體教學措施。合作探究行動循環可

以持續運作，因為它帶來團結，並且讓學校內外的人都能發聲。這個架構提供一個彈性的、有意義的指引，可加以調整以適應各種獨特的學校社群環境，以及所面臨的各式各樣的實踐問題。它完全專注在學校的核心技術上——也就是教學和學習——經由實踐而驅動，經由教室裡發生的事和可能發生的事。參與合作探究行動循環，使得家長、居民、商家、機構和社區中的其他團體必須給予孩子學習上的支持。教育變革的成本常常不是金錢，而是人們更願意給予的其他有價值的東西，例如：他們的時間、點子和精力。這讓學校社群都將眼光專注在改進教學與增進學生的學習上。事實上，學校中的合作探究行動循環建立了一種氛圍，當教育者看到這些實踐作法對學生的學習成就帶來正面的影響時，正面效果便增加了，教師會越來越有意願加入。當家長和社區成員看到學生表現提升，他們也將會更有意願去支持和參與改革過程。到最後，合作探究行動循環能促進學校社群的參與，有助於學校社群的永續學習。

　　身為大家信任的學校領導者，校長們有道德義務，確保學校提供給孩子們的教學是公平、正義和關懷的。如果你是一位校長或有志於當校長，不論你的背景為何、不論你在哪裡居住和在哪裡工作，你應該具備探究意識及行動導向，用合作探究行動循環來教學領導，以提升學生學習成效，確保學校的公平正義。你可以做到！

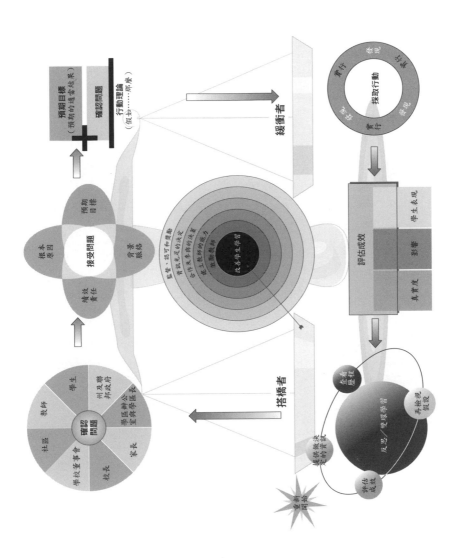

參考文獻

Abdal-Haag, I. (1998). *Professional development schools: Weighing the evidence.* Thousand Oaks, CA: Corwin.

Adler, L., & Gardner, S. (Eds.). (1994). *The politics of linking schools and social services.* Bristol, PA: Falmer.

Ainsworth, L. (2003). *Power standards: Identifying the standards that matter most.* Englewood, CO: Advanced Learning Press.

Amrein, A. L., & Berliner, D. C. (2002). High-stakes testing, uncertainty, and student learning. *Educational Policy Analysis Archives, 10*(18), Retrieved August 3, 2003, from http://epaa.asu.edu/epaa/v10n18/

Argyris, C., & Schon, D. (1974). *Theory in practice: Increasing professional effectiveness.* San Francisco: Jossey-Bass.

Ball, D., & Cohen, D. (1999). Developing practice, developing practitioners: Toward a practice-based theory of professional education. In L. Darling-Hammond & G. Sykes (Eds.), *Teaching as the learning profession* (pp. 3–32). San Francisco: Jossey-Bass.

Berman, P., & McLaughlin, M. W. (1978). *Federal programs supporting educational change: Implementing and sustaining innovation.* Santa Monica, CA: RAND.

Black, W. (2005, November 12). *A story of accountable talk: Contradictions and tension from the inside.* Paper presented at the University Council for Educational Administration, Nashville, TN.

Blase, J., & Blase, J. (1998). *Handbook of instructional leadership: How really good principals promote teaching and learning.* Thousand Oaks, CA: Corwin.

Bolman, L., & Deal, T. (2008). *Reframing organizations: Artistry, choice and leadership* (4th ed.). San Francisco: Jossey-Bass.

Bransford, J. P., Brown, A. L., & Cocking, R. R. (Eds.). (2000). *How people learn: Brain, mind, experience, and school.* Washington, DC: National Academic Press.

Brown, J. S., & Duguid, P. (2000). *The social life of information.* Boston: Harvard Business School Press.

Bryk, A. (2003). No Child Left Behind Chicago-style. In P. E. Peterson & M. West (Eds.), *No Child Left Behind? The politics and practice of school accountability* (pp. 242–262): Brookings Institution Press.

Carnoy, M., Loeb, S., & Smith, T. L. (2003). The impact of accountability policies in Texas high schools. In M. Carnoy, R. Elmore, & L. S. Siskin (Eds.), *The new accountability: High schools and high-stakes testing* (pp. 147–174). New York: RoutledgeFalmer.

Choo, C. W. (2001). The knowing organization as learning organization. *Education & Training, 43*(4/5), 197–205.

Christenson, S. L., & Sheridan, S. M. (2001). *School and families: Creating essential connections for learning.* New York: Gilford Press.

Chubb, J. E., & Moe, T. M. (1990). *Politics, markets, and America's schools.* Washington, DC: Brookings Institute.

Coburn, C., & Talbert, J. E. (2006). Conceptions of evidence use in school districts: Mapping the terrain. *American Journal of Education, 112*(4), 469–495.

Cohen, D. K. (1988). Teaching practice: Plus que ca change . . . In P. Jackson (Ed.), *Contributing to educational change: Perspectives on research and practice* (pp. 27–84). Berkeley, CA: McKutchen.

Cohen, D. K. (1990). A revolution in one classroom: The case of Mrs. Oublier. *Educational Evaluation and Policy Analysis, 12*(5), 311–329.

Crowson, R., & Boyd, W. L. (1993). Coordinated services for children: Designing arks for storms and sea unknown. *American Journal of Education, 101*(2), 140–179.

Daft, R. L., & Weick, K. E. (1984). Toward a model of organizations as interpretive systems. *Academy of Management Review, 9*(2), 284–295.

Darling-Hammond, L. (2004). Standards, accountability, and school reform. *Teachers College Record, 106*(6), 1047–1085.

Darling-Hammond, L., & Sykes, G. (Eds.). (1999). *Teaching as the learning profession: Handbook of policy and practice.* San Francisco: Jossey-Bass.

Davis, S., Darling-Hammond, L., LaPointe, M., & Meyerson, D. (2005). *School leadership study: Developing successful principals.* Stanford, CA: Stanford Educational Leadership Institute.

Day, C., Harris, A., Hadfield, M., Tolley, H., & Beresford, J. (2000). *Leading schools in times of change.* Buckingham, UK: Open University Press.

Deal, T. E., & Peterson, K. (1998). *Shaping school culture: The heart of leadership.* San Francisco: Jossey-Bass.

DiMaggio, P. J., & Powell, W. W. (1991). The iron cage revisited: Institutional isomorphism and collective rationality in organizational fields. In W. W. Powell & P. J. DiMaggio (Eds.), *The new institutionalism in organizational analysis* (pp. 63–82). Chicago: University of Chicago Press.

Driscoll, M. E. (2007). The circus animals' desertion: Lesson for leaders in the work of Philip W. Jackson. In D. T. Hansen, M. E. Driscoll, & R. V. Arcilla

(Eds.), *A life in classrooms: Philip W. Jackson and the practice of education* (pp. 92–107). New York: Teachers College Press.

DuFour, R., Eaker, R., & DuFour, R. (Eds.). (2005). *On common ground: The power of professional learning communities*. Bloomington, IN: Solution Tree.

Earl, L., & Katz, S. (2002). Leading schools in a data-rich world. In K. Liethwood & P. Hallinger (Eds.), *Second international handbook of educational leadership and administration: Part two* (pp. 1003–1023). Dordrecht, The Netherlands: Kluwer Academic.

Earl, L., & Torrance, N. (2000). Embedding accountability and improvement into large-scale assessment: What difference does it make? *Peabody Journal of Education, 75*(4), 114–141.

Eberly, D. J. (1993). National youth service: A developing institution. *NASSP Bulletin, 77*(550), 50–57.

Elmore, R. (1979). Backward mapping: Implementation research and policy decisions. *Political Science Quarterly, 94*(4), 601–616.

Elmore, R. (1983). Complexity and control: What legislators and administrators can do about implementing public policy. In L. S. Shulman & G. Sykes (Eds.), *Handbook of teaching and educational policy* (pp. 342–369). New York: Longman.

Elmore, R. (2000). *Building a new structure for school leadership*. Washington, DC: Albert Shanker Institute.

Elmore, R. (2002a). *Bridging the gap between standards and achievement: The imperative for professional development in education*. Washington, DC: Albert Shanker Institute.

Elmore, R. (2002b). Hard questions about practice. *Educational Leadership, 59*(8), 22–25.

Elmore, R. (2003a). Accountability and capacity. In M. Carnoy, R. Elmore & L. S. Siskin (Eds.), *The new accountability: High schools and high-stakes testing* (pp. 195–209). New York: RoutledgeFalmer.

Elmore, R. (2003b). Conclusion: The problem of stakes in performance-based accountability systems. In S. H. Fuhrman & R. Elmore (Eds.), *Redesigning accountability systems for education* (pp. 274–296). New York: Teachers College Press.

Elmore, R., & Burney, D. (1999). Investing in teacher learning: Staff development and instructional improvement. In L. Darling-Hammond & G. Sykes (Eds.), *Teaching as the learning profession* (pp. 263–291). San Francisco: Jossey-Bass.

Elmore, R., Peterson, P. L., & McCarthy, S. (1996). *Restructuring in the classroom: Teaching, learning and school organization*. San Francisco: Jossey-Bass.

Epstein, J. (2001). *School, family, and community partnerships: Preparing educators and improving schools*. Boulder, CO: Westview Press.

Epstein, J., & Sanders, M. G. (2006). Prospects for change: Preparing educators for school, family, and community partnerships. *Peabody Journal of Education, 81*(2), 81–120.

Fink, D., & Brayman, C. (2006). School leadership succession and the challenges of change. *Educational Administration Quarterly, 42*(1), 62–89.

Firestone, W. (1996). Leadership roles or functions? In K. Leithwood, D. Chapman, P. Corson, P. Hallinger, & A. Hart (Eds.), *International handbook of educational leadership and administration* (pp. 395–418). Boston: Kluwer Academic.

Florida, R. (2002). *The rise of the creative class: And how it's transforming work, leisure, community and everyday life.* New York: Basic Books.

Forsyth, P. B., & Smith, T. O. (2002, April). *Patterns of principal retention: What the Missouri case tells us.* Paper presented at the American Educational Research Association, New Orleans, LA.

Friedman, T. (2007). *The world is flat 3.0: A brief history of the twenty-first century.* New York: Farrar, Straus and Giroux.

Fuhrman, S. H. (1999). *The new accountability* (No. Policy Brief 27). Philadelphia: Consortium for Policy Research in Education (CPRE).

Fullan, M. (1993). *Change forces.* Bristol, PA: Falmer Press.

Galbraith, J. A. (1977). *Organization design.* Reading, MA: Addison-Wesley.

Gamoran, A., & Grodsky, E. (2003). The relationship between professional development and professional community in American schools. *School Effectiveness and School Improvement, 14*(1), 1–29.

Goldring, E., & Hausman, C. S. (2001). Civic capacity and school principals: The missing links for community development. In R. Crowson (Ed.), *Community development and school reform* (pp. 193–209). Greenwich, CT: JAI Press.

Goldring, E., & Sullivan, A. (1996). Beyond the boundaries: Principals, parents and communities shaping the school environment. In K. Leithwood & J. Chapman (Eds.), *International handbook of educational leadership and administration* (pp. 195–222). Boston: Kluwer.

Goodlad, J. (1984). *A place called school: Prospects for the future.* New York: McGraw-Hill.

Hallinger, P., & Heck, R. (1996). Reassessing the principal's role in school effectiveness: A review of empirical research, 1980–1995. *Education Administration Quarterly, 32*(1), 5–44.

Halverson, R. (2003). Systems of practice: How leaders use artifacts to create professional community in schools. *Educational Policy Analysis Archives, 11*(37), 1–35.

Haney, W. (2000). The myth of the Texas miracle in education. *Educational Policy*

Analysis Archives, 8(41). Retrieved January 12, 2001, from http://epaa.asu.edu/epaa/v8n2041/

Hawley, W., & Valli, L. (1999). The essentials of effective professional development: A new consensus. In L. Darling-Hammond & G. Sykes (Eds.), *Teaching as the learning profession: Handbook of policy and practice* (pp. 151–180). San Francisco: Jossey-Bass.

Hawley, W., & Valli, L. (2007). Design principles for learner-centered professional development. In W. Hawley & D. L. Rollie (Eds.), *The keys to effective schools: Educational reform as continuous improvement* (2nd ed., pp. 117–138). Thousand Oaks, CA: Corwin.

Henderson, A. T., Mapp, K. L., Johnson, V. R., & Davies, D. (2007). *Beyond the bake sale: The essential guide to family-school partnerships.* New York: New Press.

Hightower, A. (2002). San Diego's big boom: Systemic instructional change in the central office and schools. In A. Hightower, M. S. Knapp, J. A. Marsh, & M. W. McLaughlin (Eds.), *School districts and instructional renewal* (pp. 76–93). New York: Teachers College Press.

Homans, G. (1950). *The human group.* New York: Harcourt, Brace.

Hoover-Dempsey, K., & Sandler, H. M. (1997). Why do parents become involved in their children's education? *Review of Educational Research, 67*(1), 3–42.

Jones, B. D., & Egley, R. J. (2004). Voices from the frontlines: Teachers' perceptions of high-stakes testing. *Education Policy Analysis Archives, 12*(39). Retrieved May 28, 2005, from http://epaa.asu.edu/epaa/v12n39/

Joyce, B., & Showers, B. (1988). *Student achievement through staff development.* New York: Longman.

Kornhaber, M. L. (2004). Appropriate and inappropriate forms of testing, assessment, and accountability. *Educational Policy, 18*(1), 45–70.

Kotter, J. P. (1979). *Power in management.* New York: ANACOM.

Labaree, D. (1999). *How to succeed in school without really learning.* New Haven, CT: Yale University Press.

Lacireno-Paquet, N., Holyoke, T., Moser, M., & Henig, J. (2002). Creaming versus cropping: Charter school enrollment practices in response to market incentives. *Educational Evaluation and Policy Analysis, 24*(2), 145–158.

Lareau, A. (2000). *Home advantage: Social class and parental intervention in elementary education.* Lanham, MD: Rowman & Littlefield.

Leithwood, K., Jantzi, D., & Steinbeck, R. (1999). *Changing leadership for changing times.* Buckingham, UK: Open University Press.

Leithwood, K., & Mascall, B. (2008). Collective leadership effects on student achievement. *Educational Administration Quarterly, 44*(4), 529–561.

Leithwood, K., & Riehl, C. (2003). *What we know about successful school leadership.*

A report of Division A of AERA. Washington, DC: American Educational Research Association.

Leithwood, K., Seashore Louis, K., Anderson, S., & Wahlstrom, K. (2005). *How leadership influences student learning.* New York: Wallace Foundation.

Leithwood, K., & Steinbach, R. (1991). Indicators of transformational leadership in the everyday problem solving of school administrators. *Journal of Personnel Evaluation in Education, 7*(4), 112–244.

Leithwood, K., & Wahlstrom, K. (2008). Linking leadership to student learning: Introduction. *Educational Administration Quarterly, 44*(4), 455–457.

Lemons, R., Luschei, T., & Siskin, L. S. (2003). Leadership and the demands of standards-based accountability. In M. Carnoy, R. Elmore, & L. S. Siskin (Eds.), *The new accountability: High schools and high-stakes testing* (pp. 99–128). New York: RoutledgeFalmer.

Lieberman, A., & Miller, L. (1999). *Teachers: Transforming their world and their work.* New York: Teachers College Press.

Lightfoot, S. L. (1983). *The good high school.* New York: Basic Books.

Little, J. W. (1982a). The effective principal. *American Education, 18*, 38–43.

Little, J. W. (1982b). Norms of collegiality and experimentation: Workplace conditions of school educators. *American Educational Research Journal, 19*(3), 325–340.

Little, J. W. (1993). Teachers' professional development in a climate of educational reform. *Educational Evaluation and Policy Analysis, 15*(2), 129–151.

Little, J. W. (2002). Professional communication and collaboration. In W. Hawley (Ed.), *The keys to effective schools: Educational reform as continuous improvement* (pp. 43–55). Thousand Oaks, CA: Corwin.

Lortie, D. (1975). *Schoolteacher.* Chicago: University of Chicago Press.

Louis, K. B., & Miles, M. B. (1990). *Improving the urban high school: What works and why.* New York: Teachers College Press.

Lubienski, C. (2006). School diversification in second-best education markets: International evidence and conflicting theories of change. *Educational Policy, 20*(2), 323–344.

Lutz, F., & Merz, C. (1992). *The politics of school/community relations.* New York: Teachers College Press.

Manswell Butty, J. L., LaPoint, V., Thomas, V. G., & Thompson, D. (2001). The changing face of after school programs: Advocating talent development for urban middle and high school students. *NASSP Bulletin, 85*(626), 22–34.

March, J. G. (1978). American public school administration: A short analysis. *School Review, 86*(2), 217–250.

March, J. G. (1999a). Exploration and exploitation in organizational learning. In

J. G. March (Ed.), *The pursuit of organizational intelligence* (pp. 114–136). Malden, MA: Blackwell.

March, J. G. (1999b). Introduction. In J. G. March (Ed.), *The pursuit of organizational intelligence* (pp. 1–10). Malden, MA: Blackwell.

March, J. G. (1999c). Understanding how decisions happen in organizations. In J. G. March (Ed.), *The pursuit of organizational intelligence* (pp. 13–38). Malden, MA: Blackwell.

March, J. G., & Levinthal, D. (1999). The myopia of learning. In J. G. March (Ed.), *The pursuit of organizational learning* (pp. 193–222). Malden, MA: Blackwell.

March, J. G., & Simon, H. (1958). *Organizations*. New York: Wiley.

Marks, H. M., & Printy, S. M. (2003). Principal leadership and school performance: An integration of transformations and instructional leadership. *Educational Administration Quarterly, 39*(3), 370–397.

Marris, P. (1974). *Loss and change*. New York: Pantheon Books.

Marzano, R. J., Waters, T., & McNulty, B. (2005). *School leadership that works: From research to results*. Alexandria, VA: Association for Supervision and Curriculum Development.

Massell, D. (2001). The theory and practice of using data to build capacity: State and local strategies and their effects. In S. H. Fuhrman (Ed.), *From the capitol to the classroom: Standards-based reform in the states: One hundredth yearbook of the National Society for the Study of Education, Part II* (pp. 148–169). Chicago: University of Chicago Press.

Massell, D., & Goertz, M. E. (2002). District strategies for building instructional capacity. In A. M. Hightower, M. S. Knapp, J. A. Marsh & M. W. McLaughlin (Eds.), *School districts and instructional renewal* (pp. 43–60). New York: Teachers College Press.

Mawhinney, H. (1996). Institutional effects of strategic efforts at community enrichment. In W. J. Kritek & J. G. Cibulka (Eds.), *Coordination among schools, families, and communities: Prospects for educational reform* (pp. 223–243). Albany: State University of New York Press.

McLaughlin, M. W. (1990). The Rand change agent study: Ten years later. In A. Odden (Ed.), *Implementation* (pp. 143–155). New York: State University of New York Press.

McNeil, L. M. (2000). *Contradictions of reform: The educational costs of standardized testing*. New York: Routledge.

Merchant, B. M. (2004, April). *Tick, TAKS, toe—Fail and stay, pass and go: 3rd grade accountability, Texas style*. Paper presented at the annual meeting of the American Educational Research Association, San Diego, CA.

Meyer, J. W., & Rowan, B. (1991). Institutional organizations: Formal structure as myth and ceremony. In W. W. Powell & P. J. DiMaggio (Eds.), *The new institutionalism in organizational analysis* (pp. 41–82). Chicago: University of Chicago Press.

Militello, M., & Benham, M. (in press). "Sorting out" collective leadership: How Q-methodology can be used to evaluate leadership development. *Leadership Quarterly*.

Militello, M., Schweid, J., & Carey, J. C. (2008, March). *Si se puedes! How educators engage in open, collaborative systems of practice to affect college placement rates of low-income students.* Paper presented at the American Educational Research Association, New York City.

Militello, M., Sireci, S., & Schweid, J. (2008, March). *Intent, purpose, and fit: An examination of formative assessment systems in school districts.* Paper presented at the American Educational Research Association, New York City.

Mitgang, L. D. (2003). *Beyond the pipeline: Getting the principals we need, where they are needed most.* New York: Wallace Foundation.

Murphy, J. (2001). *The productive high-school: Creating personalized academic communications.* Thousand Oaks, CA: Corwin.

National Center for Educational Statistics. (2006). *The condition of education 2006* (No. NCES 2006–071). Washington, DC: U.S. Department of Education, Institute for Education Sciences.

National Center for Educational Statistics. (2008). *The condition of education 2008* (No. NCES 2008–032). Washington, DC: U.S. Department of Education, Institute for Education Sciences.

National Commission on Excellence. (1983). *A nation at risk: The imperative for educational reform* (No. GPO Publication No. 065-000-00177-2). Washington, DC: Government Printing Office.

Newmann, F., King, B., & Young, P. (2000, April). *Professional development that addresses school capacity: Lessons from urban elementary schools.* Paper presented at the annual meeting of the American Educational Research Association, New Orleans, LA.

Newmann, F., King, M. B., & Rigdon, M. (1997). Accountability and school performance: Implications from restructured schools. *Harvard Educational Review, 67*(1), 41–74.

O'Day, J. (2002). Complexity, accountability and school improvement. *Harvard Educational Review, 72*(3), 293–329.

Ogawa, R. T., Sandholtz, J., Martinez-Flores, M., & Scribner, S. P. (2003). The substantive and symbolic consequences of a district's standards-based curriculum. *American Educational Research Journal, 40*(1), 147–176.

Orfield, G. (2004a). *Dropouts in America: Confronting the graduation rate crisis.*

Cambridge, MA: Harvard Education Press.

Orfield, G. (2004b). Introduction. In G. L. Sunderman & J. Kim (Eds.), *Inspiring vision, disappointing results: Four studies on implementing the No Child Left Behind Act* (pp. 1–10). Cambridge, MA: Harvard University, Civil Rights Project.

Orfield, G., & Lee, C. (2005). *Why segregation matters: Poverty and educational inequality.* Cambridge, MA: Harvard University, Civil Rights Project.

Pallas, A. M. (2001). Preparing education doctoral students for epistemological diversity. *Educational Researcher, 30*(5), 6–11.

Patton, M. Q. (1990). *Qualitative evaluation and research methods.* Newbury Park, CA: Sage.

Petrides, L. A., & Guiney, S. Z. (2002). Knowledge management for school leaders: An ecological framework for thinking schools. *Teachers College Record, 104*(8), 1702–1717.

Petrides, L. A., & Nodine, T. R. (2003). *Knowledge management in education: Defining the landscape.* Half Moon Bay, CA: Institute for the Study of Knowledge Management in Education.

Pfeffer, J., & Salancik, G. (1978). *The external control of organizations.* New York: Harper & Row.

Piaget, J. (1985). *The equilibrium of cognitive structures: The central problem of intellectual development* (T. Brown & K. J. Thampy, Trans.). Chicago: University of Chicago Press.

Pink, D. (2006). *A whole new mind: Why right-brainers will rule the future.* New York: Riverhead Books.

Popham, W. J. (2001). *The truth about testing: An educator's call to action.* Alexandria, VA: Association for Supervision and Curriculum Development.

Popham, W. J. (2004). Curriculum, instruction, and assessment: Amiable allies or phony friends? *Teacher College Record, 106*(3), 417–428.

Popham, W. J. (2008). *Transformative assessment.* Alexandria, VA: Association for Supervision and Curriculum Development.

Porter, A. C., Garet, M. S., Desimone, L., & Birman, B. (2003). Providing effective professional development: Lessons from the Eisenhower program. *Science Education, 12*(1), 23–40.

Pounder, D., Galvin, P., & Sheppard, P. (2003). An analysis of the United States educational administration shortage. *Australian Journal of Education, 47*(2), 133–145.

Pounder, D., Reitzug, U., & Young, M. (2002). Preparing school leaders for school improvement, social justice, and community. In J. Murphy (Ed.), *The educational leadership challenge: Redefining leadership for the 21st century* (pp. 261–288). Chicago: University of Chicago Press.

Printy, S. M. (2008). Leadership for teacher learning: A community of practice perspective. *Educational Administration Quarterly, 44*(2), 187–226.

Putnam, R. T., & Borko, H. (2000). What do new views of knowledge and thinking have to say about research on teacher learning? *Educational Researcher, 29*(1), 4–15.

Quinn, T. (2002). *Succession planning: Start today.* Retrieved February 12, 2007, from http://www.nassp.org

Rallis, S. F. (1990). Professional teachers and restructured schools: Leadership challenges. In B. Mitchell & L. L. Cunningham (Eds.), *Educational leadership and changing contexts of families, communities, and schools* (pp. 184–209). Chicago: University of Chicago Press.

Rallis, S. F., & Goldring, E. (2000). *Principals of dynamic schools: Taking charge of change* (2nd ed.). Thousand Oaks, CA: Corwin.

Rallis, S. F., & MacMullen, M. M. (2000). Inquiry minded schools: Opening doors for accountability. *Phi Delta Kappan, 81*(10), 766–773.

Rallis, S. F., Rossman, G. B., Cobb, C., Reagan, R. G., & Kuntz, A. (2008). *Leading dynamic schools: How to create and implement ethical policies.* Thousand Oaks, CA: Corwin.

Reeves, D. B. (2002). *Making standards work* (3rd ed.). Denver, CO: Advanced Learning Press.

Reeves, D. B. (2004). *Accountability for learning: How teachers and school leaders can take charge.* Alexandria, VA: Association for Supervision and Curriculum Development.

Robinson, V., Lloyd, C., & Rowe, K. (2008). The impact of leadership on student outcomes: An analysis of the different effects of leadership types. *Educational Administration Quarterly, 44*(5), 635–674.

Rogers, E. (2003). *Diffusion of innovation* (5th ed.). New York: Free Press.

Rosenholtz, S. J. (1989). *Teachers' workplace: The social organization of schools.* New York: Longman.

Rothstein, R. (2004). *Class and schools: Using social, economic, and educational reforms to close the black-white achievement gap.* New York: Teachers College Press.

Rowan, B. (1990). Commitment and control: Alternative strategies for the organizational design of schools. In C. B. Cazden (Ed.), *Review of research in education* (Vol. 16, pp. 353–389). Washington, DC: American Educational Research Association.

Roza, M., Celio, M., Harvey, J., & Wishon, S. (2003). *A matter of definition: Is there truly a shortage of school principals?* Washington, DC: Daniel J. Evans School of Public Affairs, Center on Reinventing Public Education.

Schmoker, M. (1999). *Results: The key to continuous school improvement* (2nd ed.). Alexandria, VA: Association for Supervision and Curriculum Development.

Schon, D. (1983). *The reflective practitioner*. New York: Basic Books.

Sebring, P., & Bryk, A. (2000). School leadership and the bottom line in Chicago. *Phi Delta Kappan, 81*(6), 440–443.

Senge, P. (1990). *The fifth discipline: The art and practice of the learning organization*. New York: Currency Doubleday.

Siskin, L. S. (2003). Outside the core: Accountability in tested and untested subjects. In M. Carnoy, R. Elmore, & L. S. Siskin (Eds.), *The new accountability: High schools and high-stakes testing* (pp. 87–98). New York: RoutledgeFalmer.

Sizer, T. (1992). *Horace's school: Redesigning the American high school*. New York: Houghton Mifflin.

Skrla, L., Scheurich, J. J., Johnson, J. F., & Koschoreck, J. W. (2004). Accountability for equity. Can state policy leverage social justice? In L. Skrla & J. J. Scheurich (Eds.), *Educational equity and accountability: Paradigms, policies, and politics* (pp. 51–78). New York: RoutledgeFalmer.

Smith, M. A., & O'Day, J. (1991). Systemic school reform. In S. H. Fuhrman & B. Malen (Eds.), *The politics of curriculum and testing* (pp. 233–267). New York: Falmer Press.

Smrekar, C. (1993, November). *The Kentucky Family Resource Centers: The leadership challenges of school-linked social services*. Paper presented at the Annual Convention of the University Council of Educational Administration, Houston, TX.

Spillane, J. (1999). External reform initiatives and teachers' efforts to reconstruct their practice: The mediating role of teachers' zone of enactment. *Journal of Curriculum Studies, 31*(2), 143–175.

Spillane, J. (2000). Cognition and policy implementation: District policymakers and the reform of mathematics education. *Cognition and Instruction, 18*(2), 141–179.

Spillane, J., Halverson, R., & Diamond, J. B. (2001). Investigating school leadership practice: A distributed perspective. *Educational Researcher, 30*(3), 23–28.

Spillane, J., Halverson, R., & Diamond, J. B. (2004). Toward a theory of leadership practice: A distributed perspective. *Journal of Curriculum Studies, 36*(1), 3–34.

Spillane, J., Reisner, B. J., & Reimer, T. (2002). Policy implementation and cognition. Reframing and refocusing implementation research. *Review of Educational Research, 72*(3), 387–431.

Stecher, B. (2002). Consequences of large scale, high stakes testing on school and classroom practice. In L. S. Hamilton, B. Stecher, & S. P. Klein (Eds.), *Making sense of test-based accountability in education* (pp. 79–100). Santa Monica, CA: RAND.

Stiggins, R. (2005). From formative assessment to assessment FOR learning:

A path to success in standards-based schools. *Phi Delta Kappan, 87*(4), 324–328.

Supovitz, J. A. (2006). *The case for district-based reform: Leading, building, and sustaining school improvement.* Cambridge, MA: Harvard Education Press.

Supovitz, J. A., & Christman, J. B. (2003). *Developing communities of instructional practice: Lessons from Cincinnati and Philadelphia* (No. RB-39). Philadelphia, PA: Consortium for Policy Research in Education (CPRE).

Sykes, G. (1999). Teacher and student learning: Strengthening their connection. In L. Darling-Hammond & G. Sykes (Eds.), *Teaching as the learning profession: Handbook of policy and practice* (pp. 151–179). San Francisco: Jossey-Bass.

Sykes, G. (2002). Models of preparation for the professions: Implications for educational leadership. In M. S. Tucker & J. B. Codding (Eds.), *The principal challenge: Leading and managing schools in an era of accountability* (pp. 143–200). San Francisco: Jossey-Bass.

Sykes, G., & Elmore, R. (1988). Making schools manageable: Policy and administration for tomorrow's schools. In J. Hannaway & R. Crowson (Eds.), *The politics of reforming school administration: The 1988 yearbook of the Politics of Education Association* (pp. 77–94). New York: Falmer Press.

Thompson, J. (1967). *Organizations in action.* New York: McGraw-Hill.

Tyack, D., & Cuban, L. (1995). *Tinkering toward utopia: A century of public school reform.* Cambridge, MA: Harvard University Press.

U.S. Department of Education. (2002). *Strategic plan for 2002–2007* [Electronic Version]. Retrieved February 4, 2004, from http://www.ed.gov/about/reports/strat/plan2002–07/plan.pdf

U.S. Department of Education. (2003). *Using data to influence classroom decisions* [Electronic Version]. Retrieved July 28, 2007, from http://www.ed.gov/teachers/nclbguide/datadriven.pdf

Valencia, R. R., Valencia, A., Sloan, K., & Foley, D. E. (2004). Let's treat the cause, not the symptoms: Equity and accountability in Texas revisited. In L. Skrla & J. J. Scheurich (Eds.), *Educational equity and accountability: Paradigms, policies, and politics* (pp. 29–38). New York: RoutledgeFalmer.

Wahlstrom, K., & Seashore Louis, K. (2008). How teachers experience principal leadership: The roles of professional community, trust, efficacy, and shared responsibility. *Educational Administration Quarterly, 44*(4), 458–495.

Wayman, J., & Stringfield, S. (2006). Data use for school improvement: School practices and research perspectives. *American Journal of Education, 112*(4), 463–468.

Wehlage, G., Newmann, F., & Secada, W. A. (1996). Standards for authentic achievement and pedagogy. In F. Newmann & Associates (Eds.), *Authentic achievement: Restructuring schools for intellectual quality* (pp. 21–48). San

Francisco: Jossey-Bass.

Weick, K. (1976). Educational organizations as loosely coupled systems. *Administrative Sciences Quarterly, 21*(1), 1–19.

Weiss, C. (1998). *Evaluation* (2nd ed.). Upper Saddle River, NJ: Prentice Hall.

Wenger, E. (1998). *Communities of practice: Learning, meaning and identity.* Cambridge, NY: Cambridge University Press.

Wenger, E. (1999). Communities of practice and social learning systems. *Organization, 7*(2), 225–246.

Whitehurst, G. (2009). *Innovation, motherhood, and apple pie.* Brown Center on Education Policy. Washington, DC: The Brookings Institution.

Wiggins, G. (1996). Embracing accountability. *New Schools, New Communities, 12*(2), 4–10.

Wiggins, G., & McTighe, J. (2005). *Understanding by design* (2nd ed.). Upper Saddle River, NJ: Prentice Hall.

Wilson, S., & Berne, J. (1999). Teacher learning and the acquisition of professional knowledge: A review of research on contemporary professional development. In Iran-Nejad & P. D. Pearson (Eds.), *Review of research in education* (Vol. 24, pp. 173–209). Washington, DC: American Educational Research Association.

Young, V. M. (2006). Teachers' use of data: Loose coupling, agenda setting, and team norms. *American Journal of Education, 112*(4), 521–548.

國家圖書館出版品預行編目（CIP）資料

校長教學領導：理論與應用／Matthew Militello, Sha-
ron F. Rallis, Ellen B. Goldring 著；謝傳崇譯.
--初版. -- 臺北市：心理，2011.1
面；　公分. --（校長學系列；41704）
譯自：Leading with inquiry & action: how principals
improve teaching and learning
ISBN 978-986-191-405-3（平裝）

1. 校長　2. 領導　3. 教育研究法

526.42　　　　　　　　　　　　　　　　　　99023270

校長學系列 41704

校長教學領導：理論與應用

作　　者：Matthew Militello, Sharon F. Rallis, Ellen B. Goldring
校 閱 者：林新發
譯　　者：謝傳崇
執行編輯：林汝穎
總 編 輯：林敬堯
發 行 人：洪有義
出 版 者：心理出版社股份有限公司
地　　址：台北市大安區和平東路一段 180 號 7 樓
電　　話：(02) 23671490
傳　　真：(02) 23671457
郵撥帳號：19293172 心理出版社股份有限公司
網　　址：http://www.psy.com.tw
電子信箱：psychoco@ms15.hinet.net
駐美代表：Lisa Wu（Tel: 973 546-5845）
排 版 者：龍虎電腦排版股份有限公司
印 刷 者：正恒實業有限公司
初版一刷：2011 年 1 月
初版二刷：2014 年 7 月
I S B N：978-986-191-405-3
定　　價：新台幣 220 元